Marie-Elisabeth Rehn Der Baron vom Konstanzer Hauptzoll - The Baron of the Main Customs in Constance

Marie-Elisabeth Rehn

Der Baron vom Konstanzer Hauptzoll

The Baron of the Main Customs in Constance

Salomon Picard und seine Söhne

Salomon Picard and his sons

1885 – 1974

Herausgegeben von Erhard Roy Wiehn

Hartung-Gorre Verlag Konstanz

Umschlagtitelbild:; Das einzige Foto, das von den Picard-Söhnen und ihren Gattinnen aufzufinden war. Es entstand in Jerusalem vermutlich im Jahr 1936. The only photograph which could be found showing two Picard sons and their wives. It was allegedly taken in Jerusalem in 1936. © Michael Picard, Australien
Rückseite: Die Todesanzeige für Salomon Picard, die am 14. August 1925 im "Berliner Tageblatt und Handelszeitung, Morgenausgabe", erschien. - Obituary of Salomon Picard which appeared in the "Berliner Tageblatt und Handelszeitung" on August 14, 1925.
Druck BoD GmbH, Norderstedt.

Bibliografische Information Der Deutschen Nationalbibliothek
Die Deutsche Nationalbibliothek verzeichnet diese Publikation in der Deutschen Nationalbibliografie; detaillierte bibliografische Daten sind im Internet über http://dnb.dnb.de abrufbar.

1. Auflage 2023, First Edition 2023
Hartung-Gorre Verlag, Konstanz
ISBN 978-3-86628-794-5 und 3-86628-794-1

Inhalt

Der Hirsch zierte den Garten der Villa Picard und erfreute die Passanten vor allem die Kinder Foto: Wolff-Seybold -The stag was part of the garden surrounding the Villa Picard and pleased all the passers-by, especially the children Photo: Wolff-Seybold

Der Baron vom Konstanzer Hauptzoll

Salomon Picard und seine Söhne 1885 bis 1974

Absichtlich gelöschte Spuren?

Der vorliegende Band ist von manchen persönlichen Erfahrungen mit dem Konstanzer Stadtteil Stadelhofen bestimmt, führt gelegentlich mit dem Rennrad in den Thurgau und ist vor allem eine extrem mühsame Schnitzeljagd nach Zitaten, die in den Standardwerken zur jüdischen Geschichte in Konstanz zu finden sind. Geprägt ist sie aber vor allem durch meine Irritation darüber, dass es kaum Spuren von Salomon Picard, dem "Helden" der vorliegenden Untersuchung, gibt. Hat man die Spuren eines sehr wohlhabenden Konstanzers jüdischer Herkunft absichtlich gelöscht oder hat man ihn ganz schlicht nicht erwähnt, weil er in der Schar der anderen respektablen Konstanzer Bürger, die sich wie er gegen Ende des 19. Jahrhunderts mit den Möglichkeiten des aufkommenden Finanzkapitalismus beschäftigten, kaum auffiel?

Den Beginn meiner Recherchen bestimmte der Zufall. Ende der siebziger Jahre kam ich nach Konstanz, wo ich eine Wohnung in einem schäbigen Altstadthaus in der Hüetlinstraße bezog mit dem üblichen Plumpsklo und der Duschkabine in der Küche. Gleich um die Ecke stand am Hauptzoll eine Telefonzelle, die ich für die regelmäßigen Telefonate mit den Eltern benutzte, mit Blick auf einen Bauzaun, hinter dem ein modernes Mehrfamilienhaus entstand. Der Neid, mit dem ich die Baufortschritte beobachtete, hielt jahrzehntelang an.

Heute wohne ich selbst in dem Haus in der Kreuzlinger Straße 68 und freue mich über ein halbwegs modernes Wohnen in einem Stadtteil, der immer noch daran erinnert, dass er einmal von zwielichtigen Kneipen und Straßenstrich geprägt war. Irgendwann geriet mir zufällig ein Zeitungsausschnitt in die Hände, der das Foto einer wunderschönen neoklassizistischen Villa zeigt, die dem heutigen Gebäude an der Ecke Kreuzlinger Straße/Schwedenschanze weichen musste. Wer mit dem Leben in der Konstanzer Altstadt einigermaßen vertraut ist, weiß, dass der Denkmalschutz mit Nachdruck dafür sorgt, dass nicht jeder Bauherr schalten und walten kann, wie er will. In der Kreuzlinger Straße war das nicht der Fall. Die schöne Villa wurde ohne große Debatte abgerissen, obwohl die Nachbarschaft von Gründerzeithäusern geprägt ist und die Neubaupläne sich anfangs kaum an den Nachbarhäusern orientierten.

Als neugierige Hobbyhistorikerin stürze ich mich auf jeden vergilbten Papierfetzen und versehe ihn blitzschnell mit einem Datum. Das hatte der Sammler des Zeitungsartikels versäumt. Ich musste vier Stunden in den Südkurierbänden in der Universitätsbibliothek blättern, um herauszufinden, dass der Artikel am 18. Februar 1978 im Südkurier erschienen war. Das vierstündige Blättern in alten Zeitungsbänden war nur ein Beispiel für die mühsame Suche nach den Bewohnerinnen und Bewohnern der Adresse am Hauptzoll und der Rekonstruktion ihrer Lebenswirklichkeit. Besuche beim Konstanzer Bauamt, dem Stadtarchiv und anderen regionalen Archiven waren nötig, um nur halbwegs begreifen zu können, wer Salomon Picard und seine Familie waren, die von 1887 bis 1935 dieses Gebäude ihr zu Hause nannten. Wegen dieser Mühsal bei der Spurensuche habe ich vor, den Umständen meiner Recherchen genauso viel Platz einzuräumen, wie der Rekonstruktion der Biografien.

Um nur die wichtigsten Ergebnisse meiner Suche vorwegzunehmen: Salomon Picard, der 1853 in Wangen geboren wurde, gehörte zu den sehr wohlhabenden Bürgern der Stadt Konstanz. Zeitgenossen nannten ihn den "Baron"[1]. Im Jahr 1912 betrug das Kapitalvermögen von Salomon Picard 600.000 Mark. Als Angehöriger der 1. Steuerklasse durfte er in der Kommunalpolitik mitreden: laut den Adressbüchern der Stadt von 1909 und 1913 war er Stadtverordneter.

Die drei Söhne Max, Ernst und Hugo Picard haben alle drei studiert, ersterer Jura, die beiden letzteren Medizin. Beide Mediziner machten Karriere im Berlin der zwanziger Jahre. Sohn Max gehörte zu den ersten Gefallenen des Ersten Weltkriegs und wurde für die Bestattung nach Konstanz überführt, was für einen gewissen Einfluss und gute Beziehungen des Vaters sprach.

Die Grabstelle auf dem jüdischen Friedhof ist heute die einzige sichtbare Spur der Familie Salomon Picard in Konstanz. Hier sind sowohl Max Picard als auch sein Vater Salomon begraben. Gegenüber einer steinernen Ruhebank mit dem Medaillon von Max Picard steht ein

---

[1] Semi Moore-Moos (ohne Jahr) Die Juden von Konstanz 1863-1940, unveröff. Manuskript, S. 56, auch online verfügbar https://archives.cjh.org/repositories/5/archival_objects/946387

riesiger Findling, der zusätzlich an die Namen der in aller Welt verstreuten Familienmitglieder und deren Gräber erinnert. Das Design der Metallbuchstaben auf dem Stein deutet auf Steinmetzarbeiten im Stil der achtziger Jahre des zwanzigsten Jahrhunderts hin. Wer mag damals dafür gesorgt haben, dass es wenigstens diesen einen Hinweis auf die Familie des Salomon Picard in Konstanz gibt?

Abraham und Salomon als Händler in Amlikon

Picards gibt es weltweit wie Sand am Meer. Jacob Picard, der Höri-Dichter, gehört zu denjenigen, die begeistert und liebevoll die Geschichte ihrer Stammväter in Wangen im Hegau erzählen.[2]
Heimwehkranke, von den Nationalsozialisten Vertriebene aus dem Süden Badens, hörten sich 1944 in New York folgende Gedichtzeilen ihrer Schicksalsgenossin Bertha Geismar an[3]:

Ich hatte einst ein schönes Vaterland
In Süd und West des Rheines Silberband
Befruchtet und durchflutet seine Fluren
Zum Gotthard führen seines Ursprungs Spuren
Ein fröhlich Kind eilt er zum Bodensee,
Dann weiter als ein munterer Geselle
Wird bei Schaffhausen er zur Stromesschnelle,
In Regenbogenfarben sprüht die wilde Gischt
Wer's einmal sah, vergißt's im Leben nicht...

Alle Chronisten der Judendörfer am Seerhein sind sich einig: Etwa seit dem Ende des Dreißigjährigen Kriegs lebten Juden armselig vom Hausierhandel friedlich neben ihren christlichen Nachbarn, die sich meistens ebenso kümmerlich von der Landwirtschaft ernährten. In diesen Siedlungen auf dem Land gab es keine Gettos. Synagogen und rituelle Bäder wurden eingerichtet, Schlachter sorgten mit ihrem koscheren Fleisch für ein wichtiges Standbein des Hausierhandels. Schulen konkurrierten zeitweise mit ihren christlichen Pendants. Neu-

---

[2] J. Picard Erinnerung eigenen Lebens Hg. Manfred Bosch Jacob Picard Werke Lengwil, 1991, S. 171 ff.

[3] Erich Bloch (1971) Geschichte der Juden von Konstanz im 19. und 20. Jahrhundert: Eine Dokumentation. Konstanz, S. 184

gierig sollen christliche und jüdische Dorfbewohner einander beobachtet haben, um herauszufinden, wie der Alltag aussah und bei den anderen die jeweiligen Feste gefeiert wurden.

Die Sonderabgaben für Juden machten in Mitteleuropa das Leben nicht einfach. Ein Broterwerb war in der Regel nur im Hausierhandel oder Viehhandel in den ländlichen Regionen möglich. Das Leben auf der Straße führte dazu, dass sich überall Überlebensmaßnahmen gegen das dichte Netz der Verbote ausbildeten. Wo es keine oder keine klugen Kontrolleure gibt, können sich Gesetze nicht leicht durchsetzen. Trotzdem galt: Nur wer wohlhabend war, durfte sich in einer Gemeinde niederlassen und eine Familie gründen.

Erst die Gedanken der Aufklärung und der politische Einfluss Napoleons brachten eine Veränderung und während der ersten Hälfte des 19. Jahrhundert kam es fast überall im deutschen Reich dazu, dass Erleichterungen in Bezug auf die Mobilität den Charakter auch dieser dörflichen Siedlungen in Baden änderten. 1825 gab es hier 17.571 Juden, das war 1,6 Prozent der Bevölkerung. Städte wie Konstanz, Freiburg, Offenburg Lahr und Villingen beherbergten keine Juden.[4] In Wangen hingegen, wo es keine Niederlassungsverbote gab, zählte man 1825 570 Personen, davon waren 39,3 Prozent (224 Personen) Juden.[5]In der zweiten Hälfte des 19. Jahrhunderts waren aus den "bedürftigen" Juden wohlhabende Bürger des Dorfes geworden, die dem Dorf zu hohen Steuereinnahmen verhalfen.[6] Sie lebten oft in städtisch anmutenden Gebäuden entlang des Rheinufers und ihre modische Kleidung fiel Ortsfremden auf. Ab 1862 wurde das Gesetz über die bürgerliche Gleichstellung der Israeliten auch in Baden angenommen, was Folgen für die Möglichkeit der Niederlassung in Konstanz hatte.[7] Ab 1866 galt die Freizügigkeit in der Schweiz und ab 1874 war dort auch die freie Religionsausübung gestattet.[8] So konnten die bis dahin oft nur verstohlen betriebenen Handelskontakte mit dem benachbarten schweizerischen Kanton Thurgau aufgenommen werden.

---

[4] Bloch (1971) S. 16.

[5] Helmut Fidler (2020) Zur Migrationsgeschichte der jüdischen Familie Ortlieb und des Dorfes Wangen am Untersee. Hegau-Geschichtsverein Jahrbuch 77, S. 60.

[6] Fidler (2020) S. 64.

[7] Bloch (1971) S. 25.

[8] Robert Uri Kaufmann, Historisches Lexikon der Schweiz, https://hls-dhs-dss.ch/de/articles/011376/2016-02-01/

Der Vater unseres Salomon Picard war Abraham Michael Picard, der 1811 in Wangen geboren, fast das gesamte 19. Jahrhundert miterlebte, das für die Juden in Mitteleuropa so bedeutend war. Er wurde 1901 in Konstanz begraben und überlebte seine Frau um acht Jahre. Mit dieser Babette Liebermann war er seit 1846 verheiratet, die bei der Heirat bereits 31 Jahre alt war,[9] also genau wie der Ehemann eher im vorgerückten Alter. Laut den Standesbüchern der Region wurden dem Paar zehn Kinder geboren, von denen aber nur wenige das Kleinkindalter überlebten. Salomon Picard war eines davon. Er wurde am 12. Mai 1853 in Wangen geboren und heiratete am 17. März 1885 seine 19jährige Cousine Eugenia Picard, die ebenfalls aus Wangen stammte. Die Heirat erfolgte in Konstanz, wo das Paar auch zwei Jahre später, nämlich 1887 direkt an der Grenze am Kreuzlinger Zoll ein Haus erwarb, laut Grundbuch zum Preis von 36.000 Mark.

Trotz der spärlichen Angaben über den Vater Abraham Michael und den Sohn Salomon kann angenommen werden, dass beide nicht dem typischen Bild, das man vom Hausierer hat, entsprachen. Weder der Vater noch der Sohn sind je mit dem Warenbündel auf dem Rücken durch die Lande gezogen. Es gibt zwar keine Hinweise auf eine formale kaufmännische Ausbildung der Beiden. Trotzdem müssen Vater und Sohn geschickt buchhalterische Richtlinien eingehalten haben. Wie Ralph F. Bloch in seiner Online-Schilderung von Stühlingen[10] sehr anschaulich beschreibt, lernte jeweils der Sohn vom Vater, wie mit der Kundschaft auf den Handelstouren umzugehen ist und wie in jenen bargeldarmen Zeiten bis zum Ende des 19. Jahrhunderts Grundbesitz oder Vieh auf raffinierteste Art gegen Schuldscheine den Besitzer wechselten.

Abraham Michael und sein Sohn Salomon waren laut Handelsregister[11] in Amlikon, einem kleinen Dorf jenseits der Thur nicht weit von Weinfelden als Viehhändler tätig. Im Handelsregister ist Abraham von 1883 bis 1891 eingetragen. Die schriftliche Abmeldung beim Handelsregister trägt eine extrem zittrige Unterschrift von Abraham, der zu diesem Zeitpunkt 80 Jahre alt und möglicherweise krank war. Der Sohn übernahm den Handel, aber ab 1895 meldete sich auch

---

[9] Schriftliche Mitteilung von Joachim Klose vom 29. Juni 2022.

[10] Ralph F. Bloch (o. J.) Rise and Fall of a Rural Jewish Community in Early Modern Germany, https://www.stuehlingen.online.

[11] Staatsarchiv Thurgau Nr. ZA1:17 Belege 1891.

Salomon Picard als Eigentümer des Viehhandels in Amlikon ab. Es heißt "erloschen wegen Wegzugs."

Wie mögen Vater und Sohn dazu gekommen sein, in diesem Bezirk Handel zu treiben? Für die Hausierer eines Ortes war es immer Brauch gewesen, die umliegende Landschaft für den Handel quasi untereinander aufzuteilen, damit es nicht zu Auseinandersetzungen zwischen Konkurrenten kommen konnte. Man sprach im Zusammenhang mit diesen Bezirken von "Gäu" oder "Medine"[12].

Es ist anzunehmen, dass alteingesessene oder angesehene Bürger einer jüdischen Gemeinde die am bequemsten zu erreichende Gebiete als Verkaufsgebiet erhielten. Amlikon war weder im 19. Jahrhundert noch heute von Wangen aus leicht zu erreichen. Die Bootsfahrt von Wangen nach Mammern war Routine für alle Händler, aber dann ist der Seerücken zu überwinden, der bis zu 600 Meter hoch ist. Heutzutage sind die Wege über Reckenwil und Müllheim beispielsweise für Rennradler eine Herausforderung. Die Straßen sind steil, aber gut ausgebaut. Vor mehr als hundert Jahren war als Straßenbelag wohl Schotter zu erwarten.

Bewältigte man die Strecke zu Pferd oder zu Fuß? Laut Google hat man für die knapp 16 Kilometer von Steckborn nach Amlikon zu Fuß drei Stunden und 18 Minuten benötigt. Dann wäre noch die Suche nach einer Übernachtungsmöglichkeit nötig und ein Vermieter, zu dem man soviel Vertrauen hat, dass er ein paar Lebensmittel liefert, die "parve" oder milchig sind und so den religiösen Vorschriften entsprechen. Was die Beachtung der Kaschrutgesetze angeht, so wird sich mindestens Vater Abraham daran gehalten haben. wenn man den Schilderungen von zeitgenössischen Dorfbewohner Glauben schenken kann. In den Höri-Dörfern hielt man sich streng an die 613 Regeln bezüglich der jüdischen Lebensart, auch wenn man sich intellektuell kaum damit auseinandersetzte.

Der Umzug nach Konstanz gegen Ende der achtziger Jahre des 19. Jahrhunderts war für Abraham und Salomon Picard und deren regelmäßigen Reisen von Vorteil. Die Strecke vom Konstanzer Hauptzoll nach Amlikon, die sich zum Teil mit dem legendären "Schwabenweg" deckt, ist laut Google für Fußgänger etwa genauso weit wie der Weg von Mammern. Allerdings war im Thurgau in der ersten Hälfte des 19. Jahrhunderts ein ganz modernes Haupt-

[12] hebr. Medina = Land

straßensystem entstanden mit modernen, gut gepflasterten Kunststraßen[13]. So war die neue Straße von Konstanz über Wäldi nach Märstetten deswegen wesentlich beliebter als der Schwabenweg. Möglicherweise wird der begeisterte Reiter Salomon mit dem Pferd unterwegs gewesen sein. Für die Kunststraßen schrieb man übrigens von Pferden gezogene Zweiachser vor, die schonender für die Fahrbahn waren als Einachser.

Die Eisenbahn, von der zu dieser Zeit überall im Thurgau Teilstücke entstanden, nützten Vater und Sohn Picard für ihre Tätigkeit in Amlikon nichts. Erst 1911 wurde die Mittel-Thurgau-Bahn von Konstanz über Weinfelden nach Wil gebaut.

Laut Handelsregister waren Vater und Sohn also wie es die Akten festlegen als Viehhändler tätig. Zu einer "ursprünglichen Akkumulation" mittels Viehhandel war es in der Region nordwestlich von Amlikon für die beiden wahrscheinlich schon lange vor 1883 gekommen. Zwischen 1879 und 1886 verfügte Abraham Michael Picard in Wangen über steuerbares Kapital in Höhe von zwischen 18.000 und 30.000 Mark.[14] Es ist zu vermuten, dass der Viehhandel für Vater und Sohn gegen Ende des 19. Jahrhundert höchstens noch eine Nebentätigkeit war. Konkrete Belege über den Viehhandel der beiden Picards gibt es bei Robert Uri Kaufmann[15], dem Spezialisten auf diesem Gebiet in seiner Arbeit über den Viehhandel in der Schweiz keine.

Es gibt Grundbuchauszüge aus den Siedlungen auf dem Höhenrücken oberhalb von Amlikon, die zeigen, dass Abraham und Salomon Picard eifrig Grundstückshandel betrieben. Begeisterte Rennradler wie ich, die oft im Thurgau unterwegs sind, stolpern beim Blick ins Grundbuch, das man in Frauenfeld einsehen kann, über vertraute Namen: Fimmelsberg, Tümpel, Hofen, Leutmerken oder Haarenwilen. Versuchten die Verkäufer dieser winzigen Parzellen an Bargeld zu kommen, um ihre Höfe zu modernisieren? Im 19. Jahrhundert ging es darum, von der altmodischen, wenig erträglichen Dreifelderwirtschaft

---

[13] Andres Betschart (2003) Zu Wasser und zu Land. Ein Verkehrsnetz entsteht: Ein kurze Verkehrsgeschichte des Kantons Thurgau. Astra (Bundesamt für Straßen)(Hg.) Historische Verkehrswege im Kanton Thurgau, S. 8-17.

[14] Die Angaben über die Steuerzahler in Wangen wurden freundlicherweise von Helmut Fidler zur Verfügung gestellt.

[15] Robert Uri Kaufmann (1988) Jüdische und christliche Viehhändler in der Schweiz 1780-1930. Zürich

und dem gemeinschaftlichen Wirtschaften in Form der Allmende wegzukommen und mit Viehzucht und dabei hauptsächlich Milchwirtschaft, neue Verdienstmöglichkeiten aufzutun[16].

Die Region, in deren Zentrum Thundorf liegt, zeugt sogar heute noch von einer erfolgreichen Umstellung und mehr als anderswo im Thurgau von reger Bautätigkeit. Der Kanton bezuschusste Bodenverbesserungen und vergab Zuchtprämien. Berner Sennen wurden angelockt, um ihre Kenntnisse bezüglich der Milchwirtschaft im Kanton an der Thur weiterzugeben. Zu Beginn der 20. Jahrhunderts entstand in Holzhof die riesige Käserei der Familie Wartmann,[17] wo in ganz großem Stil Tilsiter produziert wurde und wird: Das Gelände der Käserei ziert ein vor ein paar Jahren angebrachtes nachgemachtes Ortsschild mit dem Namen "Tilsit."

An dieser Stelle noch eine ganz spannende Beobachtung. Die Picards waren nicht die ersten Juden, die auf dem Höhenrücken oberhalb von Amlikon mit dem Griesenberg als Mittelpunkt mit Grundstücken und Immobilien handelten. Wolf Dreifuss (1742-1808), Vorsteher der jüdischen Gemeinden Endingen und Lengnau, verkaufte für die Stadt Luzern Herrschaft und Schloss Griesenberg über einen österreichischen Oberamtmann aus Stockach 1795 an eine Zürcher Familie. Im erbitterten Streit um die Erteilung des helvetischen Bürgerrechts an Juden war Wolf Dreifuss nicht erfolgreich. Trotz seiner zeitweiligen Hofjuden-Funktion beendete er sein Leben in bitterer Armut.[18]

Als Güterhändler unterwegs

Salomon Picard, der von 1891 bis 1895 allein im Handelsregister von Amlikon als Viehhändler eingetragen war, war als "Güterhändler" weiterhin an der Straße zwischen Amlikon und Wil aktiv. Im Jahr 1902 kommt es vor dem Kantonsgericht St. Gallen zu einer "Bodenan-

---

[16] Verena Rothenbühler. Die prägende Landwirtschaft, Historisches Lexikon der Schweiz Https://hls-dhs-dss.ch/de/articles/007393/2017-05-22

[17] Margit Wartmann Schneider (1995) Otto Wartmann (1890-1959: Bauer, Käser, Nationalrat. Thurgauer Beiträge zur Geschichte 132, S. 317-324.

[18] Martin Bürgin (2020) Wolf Dreifuss: Financier der Helvetischen Republik In: Picard, Jacques; Bhend, Angela. Jüdischer Kulturraum Aargau. Zürich: hier und jetzt, S. 183-188.

sprache" bezüglich einer Parzelle in Bronschhofen, das direkt an der Kantonsgrenze liegt.

"Unterm 2. December 1889 verkaufte Gallus Pankraz Josef, damals Eigentümer der Hauswiese, des sog. Wolfhaldenguts in Wil, an der Straße nach Bronschhofen, dem Ludwig Senn einen Bauplatz mit Maßangabe von ca. 9 Aren = 900 m², am 18. März 1890 verkaufte Josef dem nämlichen Käufer ein weiteres Stück Boden längs der Bronschhofener Straße ca. 6 m breit, ca. 270 m² messend. Im Jahre 1893 brach über Ludwig Senn der Konkurs aus und es wurde bei der stattfindenden konkursrechtlichen Versteigerung der gesamte Komplex Boden an J.S. Frischknecht in Herisau zugeschlagen mit Maßangabe 1170 m², welcher seinerseits diese Liegenschaft am 19. Aug. 1895 unter gleicher Maßangabe an den heutigen Impetranten (S. Picard) weiter verkaufte.

Am 7. April 1891 hatte S. Picard, der heutige Impetrant von Gallus Pankraz Josef das sog. Wolfhaldengut, südlich der Liegenschaft des Ludwig Senn gelegen, gekauft, ca. 13 Aren Bauplatz an der Straße nach Bronschhofen liegend, worunter zwei mit Ziff. IV. u. V. bezeichnete Bauplätze. Im April 1891 ließ Impetrant seine Liegenschaft, darunter auch die Bauplätze IV. u. V. durch Reallehrer Bossart in Wil vermessen, wobei für die genannten Bauplätze IV. u. V. sich ein Flächeninhalt von je 588 m², somit zusammen 1176 m² ergab. Am 4. Mai 1891 erwarb der nördliche Nachbar Ludwig Senn auf freiwilliger Versteigerung die fraglichen Bauplätze IV. u. V. Mit 1176 m² Flächeninhalt, nach Bossartscher Messung. Im Concurse des Ludwig Senn ersteigerte sodann die Thurgauische Hypothekenbank in Kreuzlingen die Bauplätze IV. u. V., nach Angabe des Impetranten formell für eigene Rechnung, tatsächlich aber für den Impetranten, welcher sodann durch Kaufakt vom 7. Oktober 1901 auch formeller Eigentümer wurde, mit Zielen und Werken, in welcher die Liegenschaft bis anhin benützt u. besessen worden ist. Unter dem 30. September 1901 verkaufte Impetrant die Liegenschaft weiter an Gessert in Wil, immerhin unter Vorbehalt des Eigentums an einer dem heutigen Litiganten streitig gewordenen nach Vergabe des Impetranten zu den Bauplätzen IV. u. V. gehörenden Bodenparzelle im Flächenmaß von 132 m². Impetrant macht nämlich geltend, dass die Grenze der beiden litigantischen (in einem Rechtsstreit befasst) Liegenschaften nicht wie Impetrant prätendiere, durch einen auf der Böschung befindlichen Hag, sondern durch eine, 3,5 m weiter nördlich die Bronschhofener rechtwinklig schneidende Linie bezeichnet werde. Für die Eigentumsansprüche an fragliche Bodenparzelle beruft sich Impetrant neben verschiedenen Handänderungsakten auf den Umstand, dass durch eine vorgenommene Ausmessung der Liegenschaften das Mindermaß der im Eigentum des Impetranten gestandenen 2 Bauplätze IV. u. V. Gegenüber den Maßangaben der Kaufbriefe ((1063 statt 1176 m²) anderseits das Übermaß der impetrantischen Liegenschaften erwiesen sei, sowie auf die durch die klägerischen, vor 1. Instanz einvernommenen Zeugen Reallehrer Bossart und J. Hubmann erwiesene Tatsache, daß im Jahre 1891 eine Grenzverschiebung stattgefunden habe.

Das Kantonsgericht hat durch das angefochtene Urteil in Bestätigung des erstinstanzlichen Entscheides, den impetrantischen Eigentumsanspruch abgewiesen..."[19]

Das lange Zitat in der gestelzten Juristensprache muss man nicht unbedingt Wort für Wort lesen. Aber es ist rundherum interessant. Als Güterhändler im Thurgau treten nicht nur Juden auf. Ein Spekulant aus Herisau ist in diesem Fall auch dabei. Bauplätze sind begehrt in der unmittelbaren Nähe von Wil, wenn sie zudem noch an der Hauptstraße gelegen sind. Worüber man sich gut streiten kann, sind die Maßangaben der Kaufbriefe, die variieren: Ein Lehrer ist kein von den Behörden anerkannter Landvermesser. Und wenn dann womöglich auch noch Grenzsteine versetzt wurden, dann muss man, wenn man vom Grundstücksverkauf leben will, ganz besonders aufpassen. Das Verfahren vor dem Kantonsgericht St. Gallen ist nur ein Einzelfall in der Karriere des Güterhändlers. Wenn Semi Moore-Moos[20] steif und fest behauptet: "Salomon... erst Handelsmann, dann Liegenschaftshändler, meist in Zürich und da sehr erfolgreich," so ist man als Forscher hier zum ersten Mal enttäuscht, wenn man Belege für erfolgreiche Immobiliengeschäfte sucht. Bei den Grundstücken in Bronschhofen handelt es sich nicht um Objekte, die von großartigen Erfolgen als Immobilienhändler zeugen.

Das gleiche gilt für einen Rechtsstreit, der bezüglich eines 2339,2 Quadratmeter messenden Grundstücks an der Ecke Stauffacherquai-Stauffacherplatz in Zürich in den Unterlagen des Staatsarchivs Zürich

---

[19] Staatsarchiv St. Gallen, Urteil des Kassationsgerichts betr. Picard - Stücheli, 1902 (Signatur GA 094/1902.09)

[20] Moore-Moos (ohne Jahr) S. 117.

dokumentiert ist.[21] Im Zuge einer Grenzregulierung des Quartierplans sollen die Grundstückgrenzen geändert werden, wogegen sich der Besitzer Samuel Picard zur Wehr setzt. Unter anderem geht es um Verluste durch das Durchschneiden eines Schuppens, der jährlich für 1800 Franken oder mehr hätte vermietet werden können. Der Streit zieht sich bis ins Jahr 1914 hin und wird abgewiesen.

Weiter ist über allfällige Aktivitäten im Immobilienbereich in Zürich über Salomon Picard in den Archiven nichts zu erfahren, obwohl der Wangen-Chronist Semi-Moore-Moos dessen Erfolge in der Stadt an der Limmat besonders hervorhebt. Ob der Chronist die erfolgreichen Wangener verwechselt? Bei den diversen Wangener Verwandten und Namensvettern Ludwig Rothschild, Moos, oder Simon Picard sind die Aktivitäten spektakulär. In diesem Zusammenhang muss die Thurgauische Hypothekenbank genannt werden, die sich für den Bauboom in Zürich ganz besonders interessierte. Willi Löpfe hat mit seiner Untersuchung der Thurgauischen Hypothekenbank (1851-1914) die wirtschaftliche Entwicklung im Thurgau dieser Jahre gründlich analysiert[22]. Zum Engagement der Bank in Zürich schreibt er: "Es schien, als habe sich die Hypothekenbank nun ein höchst interessantes Geschäftsfeld mit einer ausserordentlich dynamischen Kundschaft aus dem Großherzogtum Baden erschlossen. Diese Kreditnehmer wussten die Chancen des Güterhandels in der Schweiz offensichtlich mit atemberaubender Geschwindigkeit zu nutzen." In den von Löpfe aufgezählten Protokollen der Verwaltungskommission der Bank taucht der Name Salomon Picard als Darlehensempfänger nicht auf.

Salomon Picard konzentrierte sich in diesen Jahren eher auf den Bodenseeraum. 1887 kaufte er wie schon erwähnt am Konstanzer Hauptzoll für 36.000 Mark die Villa, in die seine junge Familie einzog, nachdem – so die Bauakte – der Bau noch durch ein Badezimmer modernisiert worden war.

Für Salomon Picard muss das Wohnen an der Grenze zur Schweiz sehr reizvoll gewesen sein. Reisen in das Thurgauer Hinterland waren von hier aus – im Vergleich zu den einstigen Reisen, die von Wangen aus unternommen wurden – zunehmend leichter zu organisieren.

[21] Staatsarchiv Zürich MM 3.28 RRB 1914/1745.

[22] Willi Loepfe (2014) Aufstieg und Untergang der Thurgauischen Hypothekenbank (1851 – 1914), Thurgauer Beiträge zur Geschichte, Band 151 S. 103 und 109-114.

Sowohl der Konstanzer als auch der Kreuzlinger Bahnhof waren blitzschnell zu erreichen. Der Grenzübertritt und Finanzgeschäfte in der Schweiz waren in den Jahren vor dem Ersten Weltkrieg völlig unproblematisch. Zeitgenossen erinnern sich, dass vom Picardschen Grundstück sogar eine Pforte in die Schweiz führte,[23] kein Wunder, denn auf der anderen Seite des Zauns stand ein Haus, das Salomon Picard ebenfalls für einige Jahre (1892 – 1913) gehörte.[24]

Er hat in den Ortsteilen, die heute Kreuzlingen und Umgebung ausmachen, ein paar größere Immobiliengeschäfte gemacht. Davon zeugen diverse Auszüge aus dem Schuldprotokoll. 1893 verkauft der Friedensrichter Stierlin in Bottighofen an Salomon Picard in Konstanz und Sigmund Ortlieb in Wangen ein Wohnhaus, diverse Ar Wiesen, Reben und Wald im Gesamtwert von 61.500 Franken. 1894 verkaufte Salomon Picard einen Weinkeller mit Umland in Kreuzlingen für 17.500 Franken an Albert Bächler und 1895 ging laut Schuldprotokoll ein auch heute noch "Blaues Haus" genanntes Gebäude mit diversen Nebengebäuden und Garten- und Rebland für 25.000 Franken an einen Zürcher Kaufmann.

1907 ging es darum, Verwandte zu unterstützen. Pius Wieler war ein Schwager und das 1898 in Kreuzlingen gegründete Geschäft von Hermann und Michael Wieler trug den Namen des Vaters "Pius Wieler und Söhne". Dort kam eine Strumpfwarenwirkmaschine zum Einsatz. In den grundbuchamtlichen Schuldprotokollen (15/95) von Kreuzlingen[25] gibt es einen Beleg für ein großzügiges Hypothekardarlehen von Salomon Picard. Er gewährte 1907 einen ursprünglichen Kredit von 182.500 Franken, wofür die Wielers ihre Fabrik verpfändet hatten. Noch heute sagt man in der Familie Wieler: "Der Salomon hat uns mit seinem Kredit das Leben gerettet."[26] Vier Wielers aus Konstanz haben die Nazi-Verfolgung nicht überlebt.

Die einstige Strumpffabrik in der Bahnhofsstraße 15 ist heute eine Steiner-Schule. Trotz diverser Umbauten beeindruckt sie immer noch durch ihre historische Backsteinfassade. Zur Zeit der Erbauung des

---

[23] Erich Bloch (1992) Das verlorene Paradies. Ein Leben am Bodensee 1897-1939. Werner Trapp bearb., Konstanzer Geschichts- und Rechtsquellen 33, Sigmaringen. S. 31.

[24] Richtplan des Amts für Denkmalpflege des Kantons Thurgau.

[25] Staatsarchiv Thurgau GA K'lingen Bd. 11 Schuldprotokoll 15/95.

[26] Mitt. Angelika Wieler, Zürich.

Gebäudes war ein dekorativer Wechsel von gelben und roten Ziegeln Mode und kann in vielen Straßenzügen von Konstanz bewundert werden. Ob sich Salomon Picard nicht nur für den Handel mit Grundstücken sondern auch für verschiedene Aspekte des Bauhandwerks interessierte? Der Verfasserin liegt digital ein Ausschnitt der NZZ vom 17. Oktober 1907 mit dem Titel "Aus der Zürcher Ziegeleiindustrie" vor, in dem der Konstanzer Salomon Picard zitiert wird, der die Zeichnung von Aktien für die Errichtung einer Mechanischen Ziegelei in Zürich vorschlägt.

1919 geht es noch einmal in großem Stil gerichtlich gegen den reichen Mann am Konstanzer Hauptzoll. Wie bereits erwähnt, hatte vor dem Ersten Weltkrieg Konstanz mit dem Schweizer Hinterland ein "eng verflochtenes Wirtschaftsgebiet"[27] gebildet. Aber während des Krieges war die Grenze geschlossen. Erst nach 1919 wurde der Waren- und Personenverkehr über die Zollstationen allmählich wieder aufgenommen. Die Grenzstadt Konstanz galt bald als "Schieberzentrale", wo über zahllose unkontrollierte Grenzabschnitte Schmuggelgut von der Schweiz nach Deutschland gebracht wurde. Mit der einsetzenden Inflation wurde schließlich auch der umgekehrte Weg beschritten. Schweizer kamen in Scharen nach Konstanz, um sich dort mit extrem billigen Waren einzudecken, so dass es für die Konstanzer zu Versorgungsengpässen kam.

Vor diesem Hintergrund geschah es, dass Samuel Picard, der seine Beziehungen zum Schweizer Hinterland wieder aufnehmen wollte und deswegen auch von den Schweizer Behörden eine unbeschränkte Einreisebewilligung in die Schweiz bekommen hatte, im Jahr 1919 mit dem Konstanzer Besitzsteueramt Schwierigkeiten bekam. Von diesen Problemen erzählt der Bestand "Konstanz. Spezialia. Steuern. Salomon Picard gegen die Steuerverwaltung Sicherheitsbescheid."[28] Ein Karlsruher Anwalt musste sich von Anfang September bis Dezember 1919 dafür einsetzen, dass ein Sicherheitsbescheid des Besitzsteueramts vom 18. Juli 1919 aufgehoben wurde. Für eine Dauerreisegenehmigung in die Schweiz sollte der Antragsteller anfangs eine Kaution zahlen, die

---

[27] Dieter Schott (1990) "Von der Novemberrevolution bis zum Krisenjahr 1923" in L. Burchardt, D. Schott, W. Trapp: Konstanz im 20. Jahrhundert. Die Jahre 1914 bis 1945. Konstanz (67-220).

[28] Generallandesarchiv Karlsruhe 239 Nr. 9385. Spezialia. Steuern. Salomon Picard gegen die Steuerverwaltung Sicherheitsbescheid.

mehr als die Hälfte seines Vermögens betragen hätte. Im Zentrum des Interesses der Finanzbeamten stand plötzlich gar nicht eine Reisegenehmigung in die Schweiz, um dort Bankangelegenheiten oder andere Finanzfragen zu klären. Es waren den Picards gehörende Liegenschaften in Mühlhausen im Elsass, die mit 772.000 Mark bewertet und für die zu einem früheren Zeitpunkt Ersatzansprüche von anderthalb Millionen Mark angemeldet worden waren.

Es bestünde die Gefahr einer "Vermögensverschiebung", so die scharfe Kritik der Steuerbehörde, die möglicherweise kurz nach dem Kriegsende dem Kapitalismus feindlich gegenüberstand. Bei den Behörden klingelten alle Alarmglocken. Sollte hier womöglich Steuerflucht und Vermögensverschiebung geplant sein? "Der Kläger besitzt Liegenschaftsvermögen in der Schweiz, dessen Verwaltung von Zeit zu Zeit seine Anwesenheit in der Schweiz unbedingt erforderlich macht," so der Anwalt. Aus diesem Grund hatte Salomon Picard beantragt, seinen Pass mit einem Dauersichtvermerk zu versehen, um die zeitraubende Antragsprozedur nur einmal bewältigen zu müssen. Die Liegenschaften im Elsass gehören nicht zum geplanten Besuchsprogramm. Sie hatte der französische Staat als Siegermacht in Beschlag genommen. Und eine Rückerstattung des Werts der requirierten Güter im Elsass durch den deutschen Staat stand noch aus.

Ungeachtet der Tatsache, dass Salomon Picard schon seit 35 Jahren in Konstanz seinen Lebensmittelpunkt hatte, seine drei Söhne in Deutschland aufgewachsen waren und für dessen Leumund u.a. der Minister A/D Freiherr von Bodman in Karlsruhe und andere Landespolitiker zu bürgen bereit waren, erklärte sich das Amt erst nach mehreren Briefwechseln mit dem Anwalt bereit, die geforderte Sicherheitsleistung zu verringern und zuletzt sogar einen Vergleich abzuschließen. Ob Salomon Picard wohl noch rechtzeitig durch "unbedingt erforderliche" Anwesenheit in der Schweiz glänzen konnte?

Beim Streit um diese Kaution zeigte sich, dass Salomon Picard die Folgen des Ersten Weltkriegs auf ganz besondere Weise zu spüren bekommen hatte. Er war Besitzer von Immobilien in Mülhausen im Elsass gewesen. Laut Friedensvertrag fiel der Besitz an den französischen Staat und Deutschland wäre zur Entschädigung seiner Reichsangehörigen verpflichtet gewesen. Der Friedensvertrag war 1919 noch nicht ratifiziert. Es ist gut möglich, dass die Entschädigung für die beschlagnahmten Immobilien im Zuge der Inflation zu Nichts zerrann.

Wie es zu diesem Immobilienbesitz im Elsass gekommen war, blieb im Zuge der Recherchen unklar. Waren dies womöglich die erfolgreichen Immobiliengeschäfte, von denen Moore-Moos[29] irrtümlich vermutete, dass sie in Zürich abgeschlossen worden waren? Vielleicht reichten die Immobiliengeschäfte bis ins Elsass. Aber vielleicht waren die Immobilien Bestandteil des Ehevertrags. Die Ehefrau und Cousine Eugenie Picard ist eine der sieben Töchter von Wilhelm Picard und Mina, geborene Rotschild, und gehört zum schwerreichen Teil der Familie. Willi Löpfe erzählt vom Duo Simon Rothschild und Wilhelm M. Bikert aus Wangen, die bereits früh durch ihre außerordentlichen Kreditbeziehungen auffielen, was die Thurgauischen Hypothekenbank angeht.[30] Vielleicht war die Cousine Eugenie eine sehr gute Partie und hat die Elsässer Immobilien mit in die Ehe gebracht?

Was Zeitzeugen über das Leben im Haus am Zoll sagen

Es gibt nur ganz wenige Beschreibungen, was die Charaktere der einzelnen Familienmitglieder betrifft. Semi Moore-Moos, einer der Akademiker unter den Chronisten der Juden in Konstanz meint lediglich: "Abraham (gab) seine Landwirtschaft auf..., (und kam) als alter Mann nach Konstanz, wo ich ihn als Ältesten der Gemeinde manche Jahre sah."[31] Abraham Picard war für den Städter also ein eher unbedarfter Mann vom Land. Seine Landwirtschaft muss für Abraham Picard jedoch nur ein Nebenaspekt seines Broterwerbs gewesen sein. Auch ohne spezielle Ausbildung war es ihm gelungen, seinen Sohn sorgsam in die Welt des Immobilienhandels einzuführen, und es ist anzunehmen, dass er ganz ähnlich wie sein Bruder Wilhelm in der jüdischen Gemeinde von Wangen und auch bei Begegnungen mit Christen durch gepflegte Umgangsformen beeindruckte. Beide Picards, die zu Beginn des 19. Jahrhunderts aufwuchsen, beherrschten die deutsche Sütterlin-Schrift perfekt und drückten sich gewandt aus.

Vor dem Haus in der Kreuzlinger Straße 68 stand ein überdimensionierter bronzener Hirsch, sehr zur Freude aller Passanten, vor allem der Kinder. Dieser Hirsch, der noch bis in die siebziger Jahre des 20. Jahrhunderts die Konstanzer beeindruckte, lässt Rückschlüsse zu auf

[29] Moore-Moos (ohne Jahr) S. 117.
[30] Loepfe (2014) S. 87
[31] Moore-Moos (ohne Jahr) S. 56.

den Humor und die Gutmütigkeit des Grundstücksbesitzers. Trotzdem wird Salomon Picard vom peniblen Chronisten der jüdischen Gemeinde in Konstanz, Erich Bloch, nur ganz selten erwähnt[32]. Er nennt ihn beiläufig als Mitglied des Bürgerausschusses, natürlich taucht er auf in der Todesanzeige für den an der Front gefallenen Sohn Max und in wenigen Sätzen zitiert Erich Bloch den Konstanzer Prof. Franz Beyerle, der ein enger Freund eines der Söhne von Salomon Picard war. Der erwähnt kurz[33] den "Privatier Salomon Picard am Kreuzlinger Zoll" und schreibt: "Der Vater hatte einen köstlichen Humor, die Mutter, die wie er auf Wangen stammte, war von echter Herzensgüte. Es war ein wohltuendes Milieu… Reiten galt im Haus Picard viel. Der Vater hatte sein eigenes Pferd im Stall, betreut vom Knecht Johann. Wenn seine Söhne auf Mietpferden mit ihm ausritten, war es immer ein stattliches Bild... So viel über das Haus Picard am Zoll, wo ich fast wie ein Haussohn aus- und einging. Ich denke von Dankbarkeit an diese Menschen mit vornehmer Gesinnung zurück."

Das Paar Salomon und Eugenie heiratete am 17. März 1885[34] in Konstanz. Über die Geburt der drei Söhne kann das Konstanzer Stadtarchiv keine korrekten Angaben liefern: Die Zahl der Picards mit ähnlichen Vornamen ist groß und verwirrend. So gab es mehrere Träger des Namens Ernst. Im Center for Jewish History gibt es ein Mohel-Buch Wangen 1861-1893[35], das Auskunft gibt über Geburtstermine und Beschneidungen in der Gemeinde. Aus diesem Mohel-Buch erfahren wir, dass am 18. Dezember 1885 der erste Sohn Max in Konstanz geboren wurde. Sein religiöser Name, also der Name für rituelle Verrichtungen, war Jechiel. Der rituelle Name Jechiel ist selten. Im Stammbaum der Familie Picard, den Semi Moore-Moos zusammengestellt hat, taucht er bei keinem Mitglied der Familie auf. Allerdings gab es 1790 in Wangen einen Vorbeter namens Jechiel.[36] In die Spalte des "Gevatters" ist Abraham M. Picard eingetragen, also der Name des Großvaters von Max.

---

[32] Bloch (1971) S. 79.

[33] Franz Beyerle nach Bloch (1971) S. 114-115.

[34] Laut Mitteilung von Joachim Klose vom 23. Juni 2022.

[35] Center for Jewish History, Mohel Book Wangen https://digipres.cjh.org/delivery/DeliveryManagerServlet?dps_pid=IE8417925

[36] Leo Picard (1996) Vom Bodensee nach Erez Israel: Pionierarbeit für Geologie und Grundwasser seit 1924. Konstanz Anhang S.197 Landesrabbiner Dr. Chone, Festschrift zum 100jährigen Bestehen der Synagoge in Wangen am Untersee.

Der zweite Sohn des Paares ist unter dem Namen Ernst oder Jaakow unter dem Geburtsdatum 24. Mai 1887 im Mohel-Buch verzeichnet. Sein Gevatter ist Wilhelm Picard. Wilhelm J. Picard war auch derjenige, der 1861 einleitende Bemerkungen in das Mohel Buch schrieb. So kann man davon ausgehen, dass Wilhelm Picard der Onkel von Salomon Picard ist, der Patenonkel von Ernst und gleichzeitig der Beschneider der Gemeinde in Konstanz.

Hugo oder Josef heißt der dritte Sohn von Salomon und Eugenie. Sein Geburtstag ist am 15. Dezember 1989. Pius Wieler, dessen Söhnen von Salomon die Übersiedelung nach Kreuzlingen ermöglicht wurde, wurde der Patenonkel.

Alle drei Picard-Söhne tauchen laut Arnd Rummler, dem Archivar des Suso-Gymnasiums, im Schülerlisten-Band aus dem Jahre 1899/ 1900 auf. Von Max Picard existiert sogar ein Foto.[37] Das Bild zeigt die Unterprima des Großherzoglichen Gymnasiums in der Konzilstraße im Jahr 1903. Die Schüler sind anlässlich der Konstanzer Fasnacht als Frauen verkleidet. Hinten links steht Max Picard in einem altjüngferlichen Kleid. Großen Spaß scheinen die Jungs an dieser Verklei dungsaktion nicht gehabt zu haben. Keiner lacht oder grinst über diesen Fasnachts-Spaß.

Max Picard ist der erste der Söhne vom Haus am Hauptzoll, der 1910 seine Dissertation in Heidelberg ablieferte. "Die strafrechtliche Behandlung der Trunkenheit und Trunksucht im Vorentwurf zu einem deutschen Strafgesetzbuch". Diesen Titel meldet HEIDI, der Katalog für die Bibliotheken der Universität Heidelberg, in dem auch erklärt wird, dass der Band 33 der Kleinen Schriften zum "Besond. Teil des Strafgesetzbuchs" nur in der Bibliothek der juristischen Fakultät eingesehen werden darf.

Der bereits erwähnte Prof. Beyerle[38] beschreibt Max mit folgenden Worten: "Max, der Älteste war ein Musikant, gesanglich wie als Pianist, und literarisch interessiert. Mit seinem Herzen war er dem Theater verfallen und lebte ganz in der Entwicklung des modernen Theaters und der berühmten Schauspieler dieser Zeit. Weshalb er sich ausgerechnet für juristische Studien entschieden hatte, blieb mir ein Rätsel." An

---

[37] Jürgen Klöckler und Norbert Fromm (2005) Der Bodensee in frühen Bildern: Photographien aus der Sammlung Wolf 1860-1930 (Konstanzer Geschichts- und Rechtsquellen, XXXIX) Ostfildern, S. 125.

[38] Bloch (1971) S. 114.

anderer Stelle heißt es vom selben Autor ein wenig ausführlicher "Max ... war eine wirklich vornehme Erscheinung, ein wenig eitel, für alles Schauspielerische veranlagt und begeistert ... Eine frühe Liebe zu einer (christlichen) Nachbarstochter, Thea Züst, ... die von beiden Elternhäusern bekämpft wurde, hatte sich in sein Herz eingefressen..."[39] Eine kleine Tragödie in der Schwedenschanze.

Der 1885 geborene Sohn Salomon Picards fiel als erster deutscher Offizier bei Mühlhausen im Elsass. Dem Vater gelang es mit seinen zahlreichen Beziehungen, die Überführung nach Konstanz zu erreichen. Am Montag, 28. September 1914, meldete die "Konstanzer Zeitung" sehr ausführlich:

"Beerdigung. Unter zahlreicher Beteiligung wurde gestern Vormittag die sterbliche Hülle des den Heldentod fürs Vaterland gestorbenen Rechtspraktikanten Vizewachtmeister Dr. jur. Max Picard der Erde übergeben. Eine Ehrenkompagnie und die Regimentskapelle gaben dem gefallenen Kameraden das letzte Geleite. Unter unsäglichen Mühen, führte der Rabbiner aus, wurde der Leichnam des Gefallenen in die Heimat befördert, damit er in geweihter Heimaterde den ewigen Schlaf tue. In bewegten Worten zeichnete er dann ein lebenswarmes Bild des für sein heißgeliebtes Vaterland Gefallenen und rühmte seinen festen Charakter; eine Persönlichkeit sei mit ihm dahingegangen, die noch lange schmerzlich vermisst werde. Aber eines wisse alle zu trösten, das Opfer sei nicht umsonst gebracht. Sie alle, die jetzt in dieser schweren Schicksalszeit für Deutschlands Größe und Deutsch-lands Ehre diese schweren Opfer bringen, könnten hoffentlich die schöne Zeit erleben, die dem vielgeliebten deutschen Vaterlande einen ehrenvollen Frieden bringen werde. Ein Gebet schloss die ergreifende Ansprache. Drei Salven krachen dem toten Krieger den letzten Kameradengruß übers Grab hinaus. Dumpf hallen die Schollen auf seine letzte Ruhestätte. Er ruhe in Frieden!"[40]

Dr. Max Picard war Leutnant der Reserve im Badischen Dragoner Regiment. Die Todesanzeige, die am Samstag vor der Beerdigung erschien, zeugt davon, dass die Brüder ebenfalls eingezogen sind: Hinter den Namen Dr. med. Ernst Picard und Dr. med. Hugo Picard

---

[39] Franz Beyerle, Aus meiner Welt, unveröff. Man. 1944.

[40] Konstanzer Zeitung 28.9.1914, Quelle: Stadtarchiv Konstanz.

steht jeweils "z. Zt. im Felde". Sie fehlen jedoch auf der Liste der jüdischen Konstanzer, die sich freiwillig gemeldet haben.[41]

Genau 81 Zeitungszeilen umfasst ein umfangreicher Nachruf für Dr. Max Picard, den "lieben Freund und wackeren Kampfgenossen", der am 2. Oktober 1914 in der Konstanzer Zeitung erschien:

"Eine durch und durch harmonische Natur verband er klugen Sinn und Energie mit einem ungewöhnlich warmherzigen, reichen Gemüt, von dem seine zärtliche Kindesliebe das schönste Zeugnis gab. Im Grunde hatte er eine Künstlerseele von starkem musikalischem Empfinden. Kaum etwas dürfte dafür so bezeichnend sein, wie der Umstand, dass er selbst die wenigen freien Stunden, die der Felddienst ihm vergönnte, dazu nutzte, um nach den Gefahren und Wagnissen des Kriegshandwerks sich und seine Offiziere mit Beethovenscher Musik zu erquicken!"[42]

Weiter übte man sich in den Textbausteinen, die in den kommenden Jahren noch häufig angewendet werden mussten: "Soldatische Tüchtigkeit", "Heldentod" und "unerschütterliche Pflichterfüllung".

Die Eltern wird das nicht getröstet haben. Ihr ältester Sohn wurde 29 Jahre alt. Sein Grab ist die erste Grabstelle der Picards vom Zoll auf dem jüdischen Friedhof in Konstanz. Sie unterscheidet sich sehr von den anderen jüdischen Gräbern. Der Grabstein ist ein riesiger unbehauener germanisch anmutender Findling, der mich auf Anhieb an das Kriegerdenkmal in meinem Heimatdorf erinnert. Umrahmt ist das Grab von einer Nadelholzhecke. Gegenüber des Steins steht eine ebenfalls steinerne Sitzbank. Die Rückenlehne ziert ein bronzenes Portrait von Max Picard.

Wie ihr Bruder Max promovierten Ernst und Hugo Picard in Heidelberg. Ernst als angehender Frauenarzt lieferte seine Doktorarbeit mit dem Titel "Ein Pseudoendothelium des Labium majus" 1913 ab, auch Hugos Titel "Retrobulbäre Neuritis" wird erstmals 1913 vom Katalog der deutschen Nationalbibliothek gelistet.

Beim Amtsgericht Heidelberg[43] gibt es im Jahr 1912 über Ernst Picard außerdem noch eine Akte wegen Beleidigung, während gegen

---

[41] Bloch (1971) S. 91.
[42] Konstanzer Zeitung 2.10.1914, Quelle: Stadtarchiv Konstanz.
[43] Generallandesarchiv Karlsruhe, Amtsgericht Heidelberg 269.

seinen Kollegen Karl Haas wegen Sachbeschädigung, Widerstand und Beleidigung Anklage erhoben wurde. Ob für ersteren die Strafe von 20 Mark beziehungsweise vier Tage Haft rechtskräftig wurde, geht aus der Akte nicht hervor. Leo Picard, der als glühender Zionist und seit seiner Jugend begeisterter Geologe nach Jerusalem ging, erinnerte sich an den überschäumenden Nationalismus seiner Onkel und Cousins: "Als berüchtigte Degen- und Säbelfechter gegenüber den Satisfaktion verlangenden christlichen Studentenkorporationen waren sie Vorbilder meiner Knabenjahre, im Ersten Weltkrieg durch ihren Mut ausgezeichnete und vielfach hochdekorierte Soldaten."[44]

Auch Prof. Franz Beyerle hat seine Meinung über Ernst Picard: "*Der jüngere der beiden Brüder ... war ein Tatsachenmensch, mit Leib und Seele Mediziner, künstlerisch wie literarisch kaum interessiert, dabei ein Spaßvogel und gehörte der schlagenden jüdischen Verbindung Ghibellinia Heidelberg an und war passionierte Fechter, was gut zu seiner Art passte. Den Wehrdienst absolvierte er in Nürnberg bei den Chevaux légers, zum Stolz des Vaters ...*"[45]

Hugo, der jüngste der Picard-Söhne wird sein Leben lang jeden, der ihm begegnet, mit seinem Charme bezaubern. Franz Beyerle traf Hugo Picard zum ersten Mal im Winter 1908 beim Rodeln bei Bernrain, das wie viele alte Konstanzer begeistert berichten, immer Volksfestcharakter annahm. Sein Resümee der Begegnung:

"Er war die weitaus stärkere Persönlichkeit – und Intelligenz. Vor allem: er hatte geistige Eigenbewegung, wie ich auch, aber da er nicht aus so gebundener Erziehung kam, war er in allem harmonischer, sicherer, selbstverständlicher als ich... Dass es in dieser Kleinstadt Konstanz vier Wände gab, wo man den inneren Spannungen Ausdruck geben, die weltanschaulichen Fragen erörtern, zu allem Stellung nehmen konnte, was für einen jungen Menschen wesentlich ist, und dass diese stille Ecke am Zoll doch so viel äußere Behaglichkeit bot, um wirklich frei und unverkrampft den Dingen gegenüberzustehen: das war ein Geschenk des Schicksals für mich, für das ich immer dankbar sein werde."[46]

Ernst und Hugo Picard haben das Haus am Zoll in Konstanz schon vor dem Ersten Weltkrieg verlassen – nicht zuletzt wegen des Studiums

---

[44] Leo Picard (1996) S. 21.

[45] Bloch (1971) S. 114.

[46] Franz Beyerle (1944). op. cit.

in Heidelberg. Ernst hatte in Berlin eine Frauenarztpraxis eröffnet, geheiratet und konnte in der Todesanzeige für Max auch seinen Sohn Hellmut nennen. Doch hiervon im nächsten Kapitel.

Salomon Picard, der begeisterte Reiter, den die Stadelhofer Baron nannten, hat laut Bloch nie ein Amt auf der Ebene der Synagogengemeinde innegehabt. Religiöse Fragen spielten im Haus der Picards keine große Rolle. Aber Salomon Picard war in Konstanz ein sehr guter Steuerzahler[47] und durfte als Angehöriger der 1. Steuerklasse auch in der Kommunalpolitik mitreden: Aus den Adressbüchern der Stadt Konstanz geht hervor, dass er 1909 und 1913 Stadtverordneter war. Die Konstanzer Zeitung meldete am 15. Dezember 1915, also nach dem ersten Kriegsjahr seine Weihnachtsgabe für bedürftige Kinder in Höhe von 500 Mark.

Salomon Picard wird die während des Krieges geschlossene Grenze sehr zu schaffen gemacht haben. Er hatte sich seinerzeit wohl bewusst für die Freiheit im Zollgrenzbezirk von Stadelhofen und die Nähe der Bahnhöfe von Konstanz und Kreuzlingen entschieden. Und er hat virtuos seine Kundenkontakte bis nach Zürich oder ins Elsass gepflegt – per Post, Telefon oder persönlicher Anreise. Kaum vorstellbar in der heutigen Zeit, wo die schnelle und einfache Kommunikation über Smartphones und Videokonferenzen eine Selbstverständlichkeit sind.

Salomon Picard starb laut Melderegister des Stadtarchivs am 10. August 1925. Eine Todesanzeige konnte im Berliner Tageblatt und Handelszeitung, Morgen-Ausgabe vom 14. August gefunden werden.

Ernst Picard und sein Leben in Berlin

Das meiste, das über Ernst Picard bekannt ist, ist in den Archiven zu finden, die die Wiedergutmachungsakten aus der Zeit nach dem Zweiten Weltkrieg verwahren. Wenn immer man biographische Daten über die Zeit zwischen den Weltkriegen haben möchte, muss man bei der Lektüre der Akten quasi rückwärts denken. Meldedaten hat die Berliner Behörde keine über die Familie. Die Akten fielen den Kriegseinwirkungen zum Opfer.[48] Es gibt allerdings ein paar magere Zeilen im Berliner Adressbuch: 1919 lautete die Adresse von Ernst Picard

[47] Stadtarchiv Konstanz R 1980, S.122.

[48] Landesarchiv Berlin, Recherche in der historischen Einwohnermeldekartei, Axel Schröder 26.8.2014.

Olivaer Platz 10. Ab 1933 hieß sie Kurfürstendamm 64. Der Todesanzeige für Max ist zu entnehmen, dass Ernst Picard bereits vor dem Beginn des Ersten Weltkriegs verheiratet war und einen Sohn namens Hellmut hatte. Als "Tatsachenmensch", wie ihn der Freund der Familie Beyerle nennt, hatte sich der zweite Sohn der Familie Picard am Ende seiner Ausbildung zügig daran gemacht, eine Familie zu gründen. Die Arztpraxis mit den angeschlossenen Wohnräumen befand sich unter einer guten Adresse, was sowohl für den Olivaer Platz als auch den Kurfürstendamm zutraf.

Eine Wiedergutmachungsakte in Berlin erlaubt die Rekonstruktion des Alltags der Familie in den dreißiger Jahren. Dort heißt es in einer eidesstattlichen Erklärung des Paares:

"Wir bewohnten in Berlin, Kurfürstendamm bis zu unserer Auswanderung eine Wohnung mit 10 Zimmern und zwei Mädchenzimmern. Als wir Anfang August 1936 auswanderten, war in Berlin bereits eine Massenflucht von Juden. Da wir gezwungen waren, schnell unseren Haushalt aufzulösen – das Bekanntwerden der bevorstehenden Auswanderung hätte erhebliche Schwierigkeiten verursacht – waren wir gezwungen, einen großen Teil unserer Einrichtung im Stich zu lassen, einen anderen zu verschleudern. Die Preise für die Gegenstände, die wir verkaufen konnten, waren infolge des großen Angebotes von jüdischem Auswanderungsgut ganz gering."[49]

Es folgt eine Auflistung der in die Wohnung eingebauten Möbel, die auf die Schnelle nicht ausgebaut werden konnten, ein umfangreiches Weinlager und den Diathermieapparat in der Arzt-Praxis. Weiter heißt es zur Angst und Hektik des Verkaufs des in langen Jahren erworbenen Eigentums:

"... die Käufer kannten natürlich unsere Notlage und nutzten sie aus. Eine Auktion der Sachen hätte möglicherweise mehr gebracht, aber sie war unten den damaligen Umständen zu gefährlich. Von dem Erlös der einzelnen Gegenstände erinnern wir uns nur noch des Preises für den Bechstein Flügel: wir erhielten für ihn RM 600.- obwohl er mehr als den vierfachen Wert hatte, ferner des Preises für die Krone im Esszimmer, für die wir RM 50.- bekommen haben, obwohl sie den zehnfachen Wert hatte. In Erinnerung ist uns nur der Gesamterlös, den wir erhalten haben, und dieser war etwa 1.800 RM."[50]

---

[49] Landesarchiv Berlin Rep. 82 WGA16 497/59 Bl. 48.
[50] Landesarchiv Berlin Ibid.

Dass es sich bei der Heirat mit Edit Russ um eine sehr gute Partie gehandelt hatte, zeigt eine weitere Wiedergutmachungsakte. In einer eidesstattlichen Erklärung beschrieben Ernst und Edit Picard, geborene Russ, eine von der Familie Russ begonnene Briefmarkensammlung:

"Der Vater von Ludwig Russ war Begründer der Bankfirma A. Russ jr., die in den sechziger Jahren des vergangenen Jahrhunderts gegründet war und deren Geschäft zuerst am Molkenmarkt, dann' Unter den Linden' war. Diese Bankfirma stand in regem Geschäftsverkehr mit Privaten und Behörden, und die Markensammlung bestand zum großen Teil aus den vom Schwiegervater und dessen Vater gesammelten Marken: Alt Deutschland und Kolonien, Bergedorf, Turn(!) und Taxis, Baden, Württemberg, Bayern, Helgoland, aber auch sonstigem Europa und Übersee. Da die Marken zum Teil aus der ersten Zeit kurz nach Einführung der Briefmarken überhaupt herstammten, war die Sammlung sehr wertvoll. Der angegebene geschätzte Wert von RM 5.000,- bezog sich auf den Wert bei unserer Auswanderung. Wir sind überzeugt, dass der heutige Wert weit höher ist."[51]

Soweit das Bild der Familie von Ernst Picard im Berlin der Goldenen Zwanziger Jahre. Es zeugt von einem Leben in Wohlstand, allerdings ohne die Gelassenheit, die Reichtum mit sich bringt. Die überstürzte Ausreise aus Deutschland und die damit verknüpften Verluste ließen solchen gleichmütigen Rückblick nicht zu.

Hugo Picard als Mediziner und Wissenschaftler

Hugo Picard ist der Einzige aus der Familie der Picards am Zoll, dem der Chronist der jüdischen Gemeinde in Konstanz Erich Bloch fast eine ganze Buchseite widmet.[52] Die Darstellung gilt "einigen prominenten Mitgliedern … der Gemeinde" und beginnt mit dem Hinweis darauf, dass bereits der Gymnasiast Hugo Picard schon eine markante Gestalt war, sowohl in seiner äußerlichen sportlichen Erscheinung – Fußballer, Skifahrer, Reiter, Segler – als auch in seinen frühreifen geistigen Bestrebungen. Dann resümiert der Autor in Kürze den Werdegang, der hauptsächlich aus der Enzyklopädie von Maurice Fargeon[53] zu stam-

---

[51] Ibid.

[52] Bloch (1971) S. 204.

[53] Maurice Fargeon (1939) Medecins et avocats juifs au service de l'Egypte. Kairo, S. 42.

men scheint, mit dem Titel "Médecins et Avocats Juifs au Service de l'Egypte". Hier soll zunächst die Karriere des Chirurgen bis zum Jahr 1933 zusammengefasst werden. Hugo Picard beendete sein Medizinstudium in Heidelberg, Berlin und München im Jahr 1913. Anschließend wurde er als Assistent an der Charité in Berlin angenommen. Unter der Adresse GEPRIS HISTORISCH findet man online den Eintrag eines Forschungsantrages aus dem Jahr 1923 "Experimentelle Überprüfung eines diathermischen Heilverfahrens bei der akuten spinalen Kinderlähmung", die über zwei Jahre bewilligt wurde.

Laut Berliner Tageblatt erfolgte die Habilitation am 2. Juni 1926 und so arbeitete Hugo Picard als Assistent in der Chirurgie unter den Professoren Hildebrandt (?) und Sauerbruch. 1930 wurde ihm der Titel außerordentlicher Professor zuerkannt. Prof Hugo Picard war allgemeiner Chirurg, spezialisiert auf Bauchchirurgie und plastische Chirurgie.

1934 wurde Hugo Picard seine Lehrbefugnis entzogen und gehörte so zu dem Personenkreis, der Opfer des Gesetzes zur Wiederherstellung des Berufsbeamtentums wurde. Hugo Picard verlor seine Stelle in der Chirurgischen Klinik der Charité Berlin, blieb allerdings Leiter der chirurgischen Abteilung der jüdischen Poliklinik der Jüdischen Gemeinde Berlin.

1933 heiratete er die am 14. August 1907 in Schwelm geborene Helene Obermann. Die Historikerin Cilli Kasper-Holtkotte[54] betont wie alle anderen, die sich über Hugo Picard und dessen Charme äußern, es wäre kein Wunder, dass er eine sehr viel jüngere Frau anzuziehen verstanden hätte. Sie erwähnt auch, dass Helene Obermann keine Jüdin war. Anders als im Fall der christlichen Freundin von Max aus der Schwedenschanze, muss sich Mutter Picard wohl oder übel mit der christlichen Schwiegertochter abgefunden haben. In Berlin wohnte sie laut Adressbuch des Jahres 1935 sogar im Haushalt des Paares am Lützowplatz 23.

---

[54] Cilli Kasper-Holtkotte (2017) Deutschland in Ägypten: Orientalische Netzwerke, Juden-Verfolgung und das Leben der Frankfurter Jüdin Mimi Borchardt. Berlin. Außerdem schriftl. Mitteilungen vom September 2015.

Zuflucht in der ägyptisch-deutschen Kolonie

Im September 1934 wurde Hugo Picard die Lehrbefugnis entzogen[55]. Bereits im Oktober 1934 wendete er sich an den Academic Assistance Council,[56] der in Großbritannien tätig geworden war, um die zahlreichen stellenlos gewordenen Akademiker aus Deutschland unterzubringen. Der Chirurg konnte eine ganze Reihe von Referenten beibringen: Prof. Sauerbruch (Berliner Charité), Prof. Frey (Universitäts-klinik Düsseldorf), Prof. Voellser (Universitätsklinik Halle), Prof. Beyerle (Universität Leipzig) und Prof. Voegeli (Universität Zürich).

Im jüdischen Krankenhaus in Kairo wurde ein "first class surgeon" gesucht und im April 1935 konnte der Chirurg die Stelle antreten, obwohl auch in Bagdad eine Stelle frei gewesen wäre. In Ägypten gab es, so die Historikerin Kasper-Holtkotte,[57] eine deutsche Kolonie, in der Anhänger von Rechtsparteien dominierten, was aber auch bedeutete, dass nicht alle zum Nationalsozialismus tendierten wie der Bruder von Rudolf Hess, der schon 1926 eine Ortsgruppe der NSDAP in Kairo gegründet hatte. Nach der Darstellung der Historikerin verwandten sich für den Chirurgen aus Berlin der Gesandte Eberhard von Stohrer und der Legationsrat der Gesandtschaft Hans Pilger, den die Einwanderer bereits auf der Überfahrt kennengelernt hatten.

Hugo Picard mit seinem stramm deutsch-konservativen Hintergrund wusste in diesen Kreisen sicher zu beeindrucken. Nicht alle waren jedoch vom Charme des Chirurgen bezaubert, so bezeichneten ihn manche im Kreis der Deutsch-Ägypter in Kairo als arrogant und überheblich und als jemand, der eher zu jemand sprach als mit einem. Im Kapitel über die jüdischen Ärzte in Ägypten von Maurice Fargeon wird die Tatsache betont, dass die Familie Picard seit 250 Jahren am Bodensee zu Hause war, eine Feststellung, auf die Hugo Picard sicher Wert gelegt hatte: Die Erfahrungen im Exil und die Begegnung mit herausragenden Wissenschaftlern mit jüdischem Hintergrund müssen den Stolz auf seine Herkunft geweckt haben. Davon zeugt der Nachruf

---

[55] Schriftl. Mitteil. Cornelius von Pilgrim vom 17. September 2015.

[56] https://blogs.lse.ac.uk/lsehistory/2021/04/28/his-finest-hour-william-beveridge-and-academic-assistance-council/

[57] Cilli Kasper-Holtkotte (2017) Deutschland in Ägypten: Orientalische Netzwerke, Juden-Verfolgung und das Leben der Frankfurter Jüdin Mimi Borchardt. Berlin.

auf Dr. Max Meyerhof, den Hugo Picard anlässlich seines Todes am 20. April 1945 für das Journal of International College of Surgery[58] verfasste. Nicht nur Ägypten, sondern die ganze Welt habe eine der vielseitigsten und herausragendsten Persönlichkeiten und Gelehrten dieser Generation durch dessen Tod verloren. Der Nachruf schließt mit den Worten: "Als Augenarzt in Ägypten war Dr. Meyerhof für Jahrzehnte eine beinahe symbolische Gestalt, dessen Name gleichbedeutend war mit dem Wiedergewinnen des Augenlichts für Blinde. Seine zahllosen Patienten werden um ihn trauern genauso wie seine Freunde und Wissenschaftskollegen auf der ganzen Welt."

Auch die Freundschaft mit Ludwig und Mimi Borchardt hat für das Leben der Picards in Kairo eine ganz wichtige Rolle gespielt. Ludwig Borchardt war der große deutsche Ägyptologe, dessen bedeutendster Fund die Büste der Nofretete war. Sein Institut für Ägyptische Bauforschung und Altertumskunde war sein Lebenswerk.[59] Das heute von der Ludwig-Borchardt-Stiftung finanzierte Schweizerische Institut in Kairo beschäftigt sich mit der Erforschung der Geschichte und Kultur des Alten Ägypten.

Während der Kriegsjahre zogen die Picards in das Borchardtsche Haus ein, denn die inzwischen verwitwete Mimi Borchardt war gezwungen in der Schweiz zu bleiben und war zunächst dankbar für die Hüter des Hauses. Dann jedoch wurden ohne Rückfrage bauliche Veränderungen vorgenommen und zuletzt gab es Schwierigkeiten, als das Paar nach Mimi Borchardts Tod erst nach Einschalten eines Anwalts aus dem Haus auszog. Laut Cornelius von Pilgrim lebten Hugo und Helene Picard von Juni 1940 bis Sommer 1951 im Haus der Borchardts.[60]

Beruflich, so Fargeon, wurde Hugo Picard in der Welt der Mediziner in Ägypten für seine Qualitäten als Chirurg hochgeschätzt. Prof. Picard hat die chirurgische Abteilung des Israelitischen Krankenhauses so organisiert, dass sie als eine der modernsten und besten Einrichtungen

---

[58] Hugo Picard (1945) Dr. Max Meyerhof. A Tribute. J. Internat. Coll. Surg. VIII (5) 470 – 472.

[59] Cornelius von Pilgrim (2013) Ludwig Borchardt und sein Institut für Ägyptische Bauforschung und Altertumskunde in Kairo. In: Ägyptologen und Ägyptologien zwischen Kaiserreich und Gründung der beiden deutschen Staaten (Hg. S. Bickel, H.-W. Fischer-Elfert, A. Loprieno, S. Richter). Berlin S. 243 – 266.

[60] Schriftliche Mitteilung von Cornelius von Pilgrim, 17.09.2015.

in Kairo angesehen werden konnte. In mehreren wissenschaftlichen Abhandlungen hat er sich mit der Bilharziose, Durchfall-erkrankungen und Typhus auseinandergesetzt, Krankheiten, die in warmen Ländern wie Ägypten überwiegen.

Hugo Picard muss sich in verschiedenen politisch wichtigen Kreisen als Mediziner einen sehr guten Ruf erworben haben, denn sein Aufenthalt in Ägypten schien nie gefährdet. Es gelang ihm sogar, seine Mutter noch vor dem Ausbruch des Krieges für eine Weile zu beherbergen. Dieser sagte jedoch als schwerer Asthmatikerin das Klima in Kairo nicht zu. So zog sie um zu ihren Sohn Ernst in Palästina. und es kam zu einem gemeinsamen Foto, das in Jerusalem verschiedene Familienmitglieder zeigt. Zwischen Ägypten und Palästina müssen Reisen noch relativ unproblematisch gewesen sein. Das änderte sich erst mit der Gründung des Staates Israel.

Hugo und Helene Picard müssen bis mindestens 1956 in Ägypten geblieben sein. Es gibt ein Foto aus diesem Jahr im Nachlass des weitläufig mit den beiden verwandten Jacob Picard, dem Höri-Dichter, das Hugo zu Pferd zeigt.[61] Im dazugehörigen Begleitbrief gibt es eine Kostprobe des Picardschen Humors. In Abwandlung des Soldatenliedes "Heute noch auf stolzen Rossen – morgen in die Brust geschossen," dichtet der Verfasser zu einem beigefügten Foto mit dem Hinweis auf eine Rückgradverletzung und ein Gipskorsett: "Anliegend noch auf stolzen Rossen – heute mit Gipskorsett umschlossen!"

Ernst Picards Weg nach Tel Aviv

Es wurde bereits geschildert, wie der "Tatsachenmensch" Ernst Picard die goldenen Zwanziger Jahre in Berlin erlebte. Die Adresse der Familie und der Praxis befand sich am Kurfürstendamm. Um die Lebensumstände ein wenig genauer zu beschreiben, war es nötig sich an Akten zu orientieren, die erst nach dem Krieg im Zuge der Rückerstattungsverfahren entstanden. Wie bereits erwähnt musste das Ehepaar eine aufwändig ausgestattete Wohnung mit zehn Zimmern innerhalb kürzester Zeit auflösen und soweit möglich das Mobiliar verkaufen.

---

[61] Leo Baeck Institut Jacob Picard Collection https://archive.org/details/jacobpicard_01_reel26/page/n53/mode/1up?view=theater.

Wie aus diesen Akten hervorgeht, muss der Sohn Heinz Hellmut Picard, geboren am 5. September 1914, bereits im Jahr 1933 nach Palästina ausgewandert sein. Ein weiterer Sohn namens Claus Wolfgang, dessen Geburtsdatum nicht bekannt ist, lebte in der Nachkriegszeit in der Gartenstadt Welwyn Gardens nördlich von London, wo er mit der Berlinerin Inge Grossman eine Familie gegründet hatte. Ob er zunächst ebenfalls nach Palästina auswanderte, ist nicht sicher. Darüber, wie die Familie die Auswanderung der Söhne über das Palästina-Amt handhabte, kann man sowieso nur mutmaßen. Die Erteilung von Einwanderungszertifikaten[62] erfolgte nach diversen Kategorien. Mit einem Eigenkapital von 1.000 Palästina-Pfund war das sogenannte Kapitalistenzertifikat nicht an Quoten gebunden.

Hugo Picard, dessen Anstellung als Akademiker durch die Nazi-Maßnahmen unmöglich gemacht worden war, stand ab 1933 wie erwähnt das Academic Assistance Council zur Seite und vermittelte ihm die Stelle in Kairo. Ernst Picard hatte diese Unterstützung nicht, denn er war nicht in der Lehre tätig. Als Frauenarzt verlor er 1933 seine sämtlichen Kassenpatienten und die privat Versicherten wurden "kopfscheu gemacht, ... so dass es für jeden Einzelnen immer ein besonderes Risiko bedeutete, wenn er zu einem jüdischen Arzt ging."[63]

Von 1933 bis zu ihrer tatsächlichen Auswanderung am 31. Juli 1936 muss das Paar chaotische Zeiten erlebt haben. Für die Auswanderung der Söhne musste alles parat sein, nach der Abreise von Hugo musste die Mutter betreut und ihr Umzugsgut zusammengestellt und vorläufig zwischengelagert werden. Ihre Auswanderung muss 1935 erfolgt sein. Kurz vorher war sie mit dem Sohn Ernst noch einmal in Konstanz, um dort das Haus am Zoll zu verkaufen, damit das Geld für die Einwanderungszertifikate reichte. Das neu eingewanderte Paar, das vermutlich das Kapitalistenzertifikat erhalten hatte, wurde blitzschnell abgefertigt und quasi "eingebürgert". Bereits am 23. Juli 1936 verkündete die Palestine Gazette in der Sparte der neu erteilten medizinischen Zertifikate unter der Nummer DR2654, dass Ernst Picard in Jerusalem als Mediziner tätig werden durfte.

Von den Picards in Palästina während der Kriegsjahre gibt es kaum Spuren. Das Paar muss in der Hess Straße 6a in Tel Aviv gelebt haben,

---

[62] Einen guten Überblick mit Links bietet https://de.wikipedia.org/wiki/Einwanderungszertifikat.
[63] Staatsarchiv Freiburg Amtsgericht Konstanz F 167/ Nr. 162, Bl. 91.

wo auch die Frauenarztpraxis war. Es gibt eine Seite aus dem Telefonbuch von Tel Aviv mit den beiden Telefonnummern von Privathaushalt und Praxis.

Es gibt ein Foto, das nicht mit Sicherheit zugeordnet werden kann. Die Aufnahme entstand wohl in Jerusalem und zeigt in der oberen Reihe von links Hugo, Ernst und Hellmut Picard. Unten ist links Edit Picard zu sehen, rechts im Bild sitzt Helene, die junge Frau von Hugo. Die Person in der Mitte wird von Michael Picard, dem Besitzer des Fotos, als Elise Russ, née Imberg, bezeichnet. Ihr Todesjahr ist 1936, das Jahr, in dem es Ernst und Edit gelang, nach Palästina auszuwandern. Könnte es nicht doch sein, dass in der Mitte der sitzenden Damen Eugenie Picard zu sehen ist? Ich würde mir das wünschen. Immerhin beweist das Foto, dass Reisen zwischen Ägypten und Palästina vor der Gründung des Staates Israel, wohl nicht immer unproblematisch, aber doch möglich waren.

Am 26. Oktober 1947 starb Eugenie Picard aus Wangen im Alter von 81 Jahren laut Moore-Moos in Jerusalem. Es ist nicht bekannt, wo ihr Grab ist, möglicherweise in Tel Aviv, vielleicht auch in Jerusalem.

Hugo und Ernst Picard klagen wegen Rückerstattung

Am 3. Mai 1949 ging ein Schreiben an die Restitutionskammer des Landgerichts Konstanz mit einer Klage der ungeteilten Erbengemeinschaft bestehend aus Dr. med. Ernst Picard, Frauenarzt, wohnhaft in Tel-Aviv, und Prof. Dr. med. Hugo Picard, wohnhaft in Sils-Baselgia (Engadin Schweiz) vertreten durch Dr. A. Wachsmann, Baden-Baden. Thema war die Rückerstattung geraubter Vermögensobjekte gemäß der Verordnung 120 laut Erlass der französischen Regierung vom 10. November 1947. Konkret ging es um das in der Kreuzlinger Straße 68 gelegene Grundstück. Ganz grob lautete der anfängliche Klageantrag, dafür zu sorgen, dass die beiden Kläger je zur Hälfte wieder als Eigentümer in das Grundbuch eingetragen und das Grundstück an die Kläger herausgegeben werden müssten.[64]

Es gab eine Reihe von Streitpunkten und es wurde Anfang 1952, bis die Kläger ihre Klage zurücknahmen. Die Käufer des Hauses in der Kreuzlinger Straße 68 waren drei Geschwister aus Tägerwilen in der Schweiz. Einer von ihnen betrieb ab 1932 im Haus eine Zahnarztpraxis.

---

[64] Staatsarchiv Freiburg Amtsgericht Konstanz F 167/ Nr. 162.

Wichtig war in Bezug auf eine erfolgreiche Rückerstattungsklage der Zeitpunkt des Verkaufs. War der Verkauf unter Druck durch die nationalsozialistische Gesetzgebung gegen Juden erfolgt? Die Schweizer Käufer versuchten eine ganze Reihe von Zeugen anzuführen für die Bestätigung, dass Mutter Eugenie, die bereits in Berlin bei ihrem Sohn Hugo lebte, das Haus dem Zahnarzt gleich zu Beginn der dreißiger Jahre angeboten hätte. Der Aufwand für die Beweisführung war groß. Ein Zeuge musste sogar an seinem neuen Wohnort im Ruhrgebiet vernommen werden. Sonderlich überzeugend klangen die Zeugen nicht, deren Wissen eher auf dem Hörensagen beruhte.

Ein weiterer Streitpunkt war die Frage, ob sich bereits zu Beginn der nationalsozialistischen Herrschaft für die Betroffenen gezeigt hätte, dass ein Verbleib in Deutschland gefährlich sein könnte. Laut Anwalt Waxmann war seit dem 30. Januar 1933 die Entwicklung vorgezeichnet. Weiter erklärte er: "Die Kläger gaben eine gesicherte Existenz auf, nicht weil sie im Ausland einer unsicheren Zukunft entgegengehen wollten, sondern weil man sie dazu zwang, weil man ihnen die Ausübung ihres Berufes verbot und weil man ihnen damit die Lebensmöglichkeit in Deutschland nahm."

Der Verteidiger der Tägerwiler, Dr. Richard Zöpffel, griff den Begriff "moralischer Zwang" auf, denn er bezweifelte, dass die Kläger ab dem Jahr 1933 wirklich schon mit existenziellen Problemen zu kämpfen hatten. Sein Argument: "Unter moralischem Zwang aber ist nach Literatur und Rechtsprechung die Herbeiführung einer Lage zu verstehen, die in dem Betroffenen ein so hohes Maß von Furcht über das Schicksal seiner Person oder seines Vermögens hervorgerufen hat, dass er sich einer für ihn nachteiligen Verfügung nicht mehr glaubte entziehen zu können."

Ein weiterer Punkt war die Angemessenheit des Kaufpreises. Die Käufer und deren Sprecher waren sich darin einig, dass das Haus 1935 stark reparaturbedürftig war. Während der Kaufverhandlungen im Jahr 1935 war zunächst ein Preis von 42.000 Mark im Gespräch gewesen und weil die Verkäufer auf Barzahlung bestanden hatten, war der Kaufpreis auf 40.000 Mark reduziert worden, denn das Käufertrio sagte aus, dass es ohnehin große Mühe gehabt hatte, das Geld in bar aufzutreiben.

Beim Finanzamt Konstanz bemühte man sich um einige Angaben zum früheren Einheitswert, der sich beispielsweise im Jahr 1931 auf 55.000 Reichsmark belaufen hatte. Stadtbaumeister Kern berichtete von seiner Besichtigung des Anwesens zu Beginn der fünfziger Jahre. Der Augenschein hätte eine Reihe von aufwändigen Instandsetzungsarbeiten seit dem Verkauf ergeben. Der Preis von 40.000 Reichsmark sei angemessen gewesen, denn gerade im Jahr 1935 bestand in Konstanz an "Grundstücken der vorliegenden Art ein sehr großes Angebot, während die Nachfrage gering war. Bargeld war damals sehr rar."

Nach dem Austausch der diversen Argumente schlug das Landgericht Konstanz den Abschluss eines Vergleichs vor. Die Kläger sollten die Restitutionsklage zurücknehmen, dafür sollten die Beklagten innerhalb einer noch näher zu bestimmenden Frist eine Abfindungssumme von 6.000 Mark zahlen und die Gerichtskosten tragen. Der Anwalt des Tägerwiler Käufertrios fand die Abfindungssumme erheblich zu hoch. Der Streit um den Vergleich zog sich über das ganze Jahr 1951 hin und im Februar 1952 wurde in den Akten auf einem Vordruck, der von der Geschäftsstelle der Restitutionskammer wohl in Massen ausgefüllt wurde, bescheinigt, dass die Kläger die Klage am 18. Januar 1952 zurückgenommen haben.

Im Jahr 1949, als die Brüder Picard sich noch Hoffnungen auf eine Wiedergutmachung machten, hatte ihr Anwalt über das Haus in der Kreuzlinger Straße 68 geschrieben: "Die Söhne, d.h. die jetzigen Kläger, waren immer gewillt, das Haus der Familie zu erhalten und dort, in ihrem Geburtsort und Geburtshaus einmal ihr Leben zu beschließen."

Ob absichtlich oder ungewollt zeigt der Anwalt bereits beim Einreichen der Klageschrift, dass seinen Mandanten ganz sicher ihr Geburtsort wichtig war, denn er beschreibt ihre Personalien wie folgt: Dr. med. Ernst Picard, Frauenarzt, wohnhaft in Tel-Aviv, Hess-Str. 6a, von Geburt deutsch, seit 1939 palästinensischer Staatsangehöriger. Professor Dr. med. Hugo Picard, wohnhaft in Sils-Baselgia (Engadin Schweiz) von Geburt deutsch, seit 27. Nov. 1941 staatenlos.[65]

Das Briefmarkenalbum

1959 war das Jahr, in dem Ernst Picard 71jährig in London starb. Die Todeserklärung des Zentralen Standesamts von England liegt vor. Ernst Picard starb an einem Aneurysma der Aorta im St. Mary's Ho-spital in Paddington. Sein Sohn, Claus Wolfgang Picard, der damals in der

---

[65] Staatsarchiv Freiburg Amtsgericht Konstanz F 167/ Nr. 162.

Gartenstadt Welwyn City, nördlich von London lebte, meldete am 27. April den Tod des Verstorbenen. Wo er beerdigt wurde, ist nicht bekannt. Vermutlich war er in seinem Todesjahr ohne seine Frau Edit alleine zu Besuch bei seinem Sohn in Welwyn. Im gleichen Jahr hatten Ernst und Hugo Picard einen Anspruch auf Leistungen nach dem Rückerstattungsgesetz angemeldet. Als beanspruchtes Vermögen wurde eine Briefmarkensammlung genannt.[66]

Beim Zentralmeldeamt für Rückerstattungsvermögen in Berlin bekam man mit der Aktualisierung der Fragebögen einiges zu tun. Einer der Antragsteller, nämlich Ernst, war mittlerweile gestorben. Auch die als Geschädigte bezeichnete Inhaberin des Albums, Eugenie, war nicht mehr am Leben. Der Anwalt der Picards konnte aber ein Schreiben der Spedition Brasch & Rothenstein aus dem Jahr 1937 vorlegen. In ihm mahnte die Firma, dass im Juli noch kein Auftrag zur Expedition der Umzugsgutes nach Kreuzlingen vorlag. Auch wären die Ausfuhrpapiere noch nicht vollständig und bezüglich der Briefmarkensammlung fehlte ein schriftlicher Auftrag. Also gab es einen Beweis dafür, dass ein Briefmarkenalbum im Frachtgut vorhanden war. Allerdings schien man sich nach über 20 Jahren nicht mehr an die Details bezüglich der Lieferadressen zu erinnern. Das Ziel Kreuzlingen taucht nur in diesem Brief auf – obwohl der Ort jenseits der Schweizer Grenze gar nicht so abwegig war, denn manche Konstanzer Flüchtlinge behalfen sich mit ihren Kontakten im Nachbarort.

Einmal abgesehen vom Eindruck der Hektik des Ausreisejahres von Eugenie Picard, war dieses Schreiben aus dem Jahr 1937 ohne jede Aussagekraft, als man im Jahr 1960 bei der Nachfolgefirma Harry. W. Hamacher nachfragte. Die Antwort in Kürze: "Unsere Unterlagen aus dem Jahr 1936 oder 1937 sind während der Kampfhandlungen in Berlin größtenteils verlorengegangen und der Rest wurde nach Ablauf der … Aufbewahrungsfrist vernichtet." Der Verfasser des Schreibens von 1937 war mittlerweile gestorben und konnte keine Auskunft geben.

Große Mühe hatte in Petah-Tikwa der Notar Dr. Fritz Strauss, der im März 1960 eine mit Siegel und bunten Steuermarken versehene eidesstattliche Versicherung von Heinz Picard, des zweiten Sohnes von Ernst und Edit, nach Berlin schicken konnte. Ganz bescheiden leitete der Zeuge seine Versicherung damit ein, dass er selbst seine eigene Entschädigungsangelegenheit bereits vor zwei Jahren abgeschlossen hätte,

---

[66] Landesarchiv Berlin Rep. 82 WGA 16497/59.

er sich aber an sein Aktenzeichen nicht mehr erinnern könne. Damals hätte er für einen Ausbildungsschaden durch die Verfolgungsmaßnahmen 5.000 Mark erhalten.

Die wertvolle Sammlung des Großvater Russ, so der Befragte, war dem jungen Heinz als Kind übergeben worden. Dieser hatte mit großer Begeisterung die Sammlung studiert und erweitert und erklärte jetzt: "Eine Schätzung vermag ich selbstverständlich nach so langer Zeit nicht mehr anzugeben, zumal ich mich für die Marken als solche, aber nicht so sehr für einen ... Handelswert interessiert habe. Ich habe damals nie daran gedacht, wenn die Sammlung mal an mich allein übergehen sollte, dieselbe zu verkaufen. Ich weiß nur, dass es sich um eine wertvolle Markensammlung gehandelt hat und glaube bei vorsichtiger Schätzung und unter Zugrundelegung der heutigen Werte auf einen Wert von über 10.000 DM kommen zu müssen." Der Vater Ernst habe ihm seinerzeit erklärt, er habe die Sammlung aus Sicherheitsgründen nicht mitnehmen wollen und habe sie deswegen bei der Speditionsfirma gelassen.

Diese Unterlagen erkennt der Senator für Finanzen in Berlin nicht an. Sie dokumentierten nicht den "Übergang der beanspruchten Briefmarkensammlung in das Vermögen eines von mir vertretenen Rechtträger(!)" Weitere Beweismittel sollten vorgelegt werden.

Jahre später, nämlich im Juli 1963, scheint eine Gerichtsassessorin komplett den Faden verloren zu haben. Habe die Mutter des Antragstellers überhaupt wegen ihres Umzugsgutes schon ein Rückerstattungsverfahren beantragt? Die Assessorin schien nicht daran zu denken, dass Eugenie Picard bereits 1947 gestorben war. Dann wurde noch einmal darauf hingewiesen, dass die Sammlung dem Vater gehört hatte. Im Zuge der folgenden Ermittlungen musste die verwitwete Edit Picard ihre Rolle als Erbin mehrfach nachweisen und dabei auch noch eine Erklärung über den Zustand ihres eigenen für die Auswanderung aufgelösten Haushaltes abgeben. Und Edit Picard sollte sich daran erinnern, wann und ob ihre Schwiegermutter ihr eigenes Umzugsgut erhalten hatte. Abschließend hieß es im Januar 1967, dass der Rückerstattungsanspruch der Antragstellerin abgewiesen werde, da eine diskriminierende Entziehung durch das Deutsche Reich nicht nachgewiesen werden könne. Die Briefmarkensammlung sei bei der jüdischen Firma Brasch & Rothenstein deponiert gewesen und dort später auf dem Versandweg verloren gegangen.

Der Nachlass des Bruders von Edit

Ernst und Edit, die beiden Picards in der Hess-Str. 6a in Tel Aviv waren zu Beginn der fünfziger Jahre nicht mehr die Jüngsten. Wahrscheinlich machte sich jetzt bemerkbar, dass man nicht an eine komfortable Alterssicherung gedacht hatte. Inzwischen hatte man sich wohl oder übel an das orientalische und ein bisschen schäbig anmutende Getümmel in der Stadt am Mittelmeer gewöhnt. Aber mit dem einstigen vornehmen Kurfürstendamm war und ist die Hess-Straße in Tel Aviv Jaffa nicht zu vergleichen. Vielleicht war dies der Grund für den Besuch von Ernst bei Claus Wolfgang, dem Sohn in der schönen Gartenstadt Welwyn Gardens in England. Hatte man einen Umzug nach England erwogen? Ernst sollte vielleicht die Vorhut bilden – und dann lernte er wider Willen die Kollegen im St. Mary's Hospital in Paddington kennen, wenn ihm dazu überhaupt die Zeit blieb. Es ist – wie gesagt – nicht bekannt, wo Ernst Picard begraben ist.

Zu dieser Zeit steckte Edit Picard zusammen mit ihrem verwitweten Schwager Kurt Heilfron, der mit seiner inzwischen verstorbenen Frau Charlotte in Irland lebte, mitten in einer Klage wegen der Rückerstattung der Wertsachen ihres Bruders Günter Russ. Es ging um ein Bankguthaben und Wertpapierdepot bei der Dresdner Bank, Pelze, ein fotografisches Atelier und einen Personenkraftwagen der Marke Fiat.[67] Bevollmächtigt war in Berlin die United Restitution Organisation ab 1955.

Heute kann man in der Yad Washem Database den Namen Günter Russ, Berlin, eingeben und erhält online sofort das Todesdatum, nämlich den 11. Januar 1943, ergänzt durch die Angabe Freitod. Am 22. Oktober 2022 hat man vor die Haustür des einstigen Fotografen einen Stolperstein gesetzt. Auch diese Nachricht erhält man heutzutage am Rechner im Handumdrehen. Ob Edit und ihre überlebenden Verwandten bereits in den fünfziger Jahren herausfanden, was mit ihrem Bruder geschehen war? Haben sie sich an den Internationalen Suchdienst des Roten Kreuzes gewandt und da tatsächlich eine Auskunft erhalten?

Man hat Jahrzehnte gebraucht, um in Arolsen die gigantischen Datenmengen zu sortieren, und ich kann mich erinnern, dass ein Naziopfer, das ich gut kannte, bis in die sechziger Jahre sehr schlecht

[67] Landesarchiv Berlin 11 WGA 697-699/55.

auf den Suchdienst des DRK zu sprechen war, der sich damals hauptsächlich mit der Suche nach Kriegsgefangenen beschäftigte.

Die gebundenen Bände der Deportationslisten, die vor dem digitalen Zeitalter im Bundesarchiv einzusehen waren, konnten jeden, der mit Schreibmaschinen und deren Tabulatorfunktion vertraut war, entsetzen angesichts der Vorstellung von Heerscharen fleißiger Sekretärinnen, die sich mit den Daten Todgeweihter befassten. Und auf den ersten Seiten jedes dieser Bände, die die einzelnen Transporte dokumentierten, waren die Selbstmörder zusammengefasst, die die Suchtrupps auffanden, wenn sie sich nach dem Verbleib der Vermissten umsahen.

Was Günter Russ betrifft, so wurden seine Daten am 19. November 2005 von Ruth Lynn Nadelmann, einer Verwandten aus den USA, ins Netz gestellt. Wie Edit zu Beginn der fünfziger Jahre an die Nachricht vom Tod ihres Bruders kam, ist nicht bekannt. Vielleicht hat sie irgendwann in Tel Aviv einstige Nachbarn des Bruders getroffen, die ihr von seinem Schicksal berichten konnten. Vielleicht konnten die Heilfrons aus Irland schon in den fünfziger Jahren einen Besuch in Berlin machen. Vielleicht war sie selbst in Berlin.

Die Schadensersatzakten aus Berlin zeichnen ein ungefähres Bild des Berufsfotografen, der zuletzt in der Hewaldstraße 6 in Schöneberg gelebt haben soll. In einer Reihe von Anträgen mit verschiedenen Aktenzeichen ging es um ein Bankguthaben bei der Dresdner Bank, Wertpapiere, Pelze, Schmuck, die Einrichtung eines fotografischen Ateliers und einen Personenkraftwagen der Marke Fiat. Die Antragsteller wurden anschließend in schönstem Beamtendeutsch gebeten, ihre Angaben unter Eid und unter "Darlegung des Entziehungsvorgangs... im Einzelnen aufzuführen und näher zu beschreiben." Die Zeit für die Begründung der Ansprüche: Zwei Monate.

1960 kam es endlich zu dem Bescheid, dass an die Antragsteller 130 Mark auszuzahlen seien. Zum Zustandekommen dieses Betrags hatte es schon vorher geheißen: "...wir überreichen anliegend die geforderte Auskunft der Dresdner Bank … zur gefl. Kenntnisnahme, mit dem Bemerken, dass die Kontounterlagen durch Kriegseinwirkung in Verlust geraten sind. Indessen ist aber den OFP-Akten 05205/SM/41-24568 betreffend Günther Russ, zu entnehmen, dass die Oberfinanzkasse Berlin-Brandenburg unter dem 30.10.1943 das beanspruchte Bankguthaben in Höhe von RM 1040,-- vereinnahmt hat. Insoweit ist der behauptete Entziehungstatbestand als nachgewiesen anzusehen. Es wird beantragt, den Antragsgegner zu verurteilen, an die Antragsteller DM 130,-- nach Maßgabe der Vorschriften des BRÜG zu zahlen."[68]

Von Edit Picard, die am 23. Februar 1891 geboren wurde, gibt es außer den Rückerstattungsanträgen, die nur bis zum Anfang der sechziger Jahre reichen, keine weiteren Lebenszeichen. Nach Angaben von Ruth Lynn Nadelmann, hat sie möglicherweise noch in England Fuß gefasst.

In den Nachkriegsjahren müssen Ernst und Edit eine Weile in Europa unterwegs gewesen sein. Im Nachlass von Jacob Picard, der in den fünfziger Jahren versuchte, alte Verwandte vom Bodensee wieder aufzutreiben, heißt es beispielsweise am 15. Februar 1953 auf einer Postkarte von Ernst: "Ich verbringe prachtvolle Ferien im schönen Haus von Hugo – Helen und sende Dir nachträglich ... meine besten Wünsche zum 70. Geburtstag." Am 21. August 1957 schrieb Hugo auf dem Briefpapier mit der Adresse in Sils-Baselgia: "Wir waren eine Woche – mit Ernst/Edit – zusammen in Zürich und ich hatte die feste Absicht, mit meiner Frau an den See zu kommen."[69]

Wie Hugo Picard die Jahre nach dem Krieg erlebte

In der Nachkriegszeit jonglierte Hugo Picard mit den Adressen wie ein Zirkuskünstler. So hatte er selbst Mühe, sich daran zu erinnern, aus welchem Jahr das bereits zitierte Foto stammt, das ihn in Kairo zu Pferd zeigt. 1957 ist durchgestrichen und durch 1956 ersetzt worden. Wie bereits erwähnt, waren Hugo und seine Frau bereits 1953 in Sils-Baselgia die Gastgeber von Ernst und Edit, obwohl das Paar noch in Kairo lebte.

Den Meldeämtern gab Hugo Picard reichlich zu tun. Das Berliner Einwohnermeldeamt, das seine Lücken wieder einmal durch die Kriegseinwirkungen erklärte, nannte als letzte Adresse in Berlin den Lützowplatz 23, wo das Paar vor der Emigration bis 1935 gelebt hatte. Auch eine Abmeldung liegt dem Amt vor: 9. Juni 1953 nach Kairo. Im Konstanzer Stadtarchiv, wo man das alte Melderegister im Karteikastenformat hat, heißt es "nach Kairo, später nach Zürich ausgewan-

---

[68] Landesarchiv Berlin 11 WGA 697/55, Bl. 18

[69] Leo Baeck Institut Jacob Picard Collection https://archive.org/details/jacobpicard_01_reel26/page/n53/mode/1up?view=theater

dert". Es gibt eine Karteikarte, auf der sein Zuzug von Sils-Baselgia im Engadin nach Konstanz, An der Steig 16a am 14. Mai 1959 registriert wurde. Es sieht ganz so aus, als sei die Verbindung zum guten Freund aus Jugendtagen, dem Prof. Franz Beyerle, nie abgebrochen oder war wieder aufgenommen worden. In einem älteren Telefonbuch aus dem Jahr 2020 ist das Haus immer noch eine Beyerle-Adresse. Die Anschrift An der Steig 16a und die Adresse im ehemaligen Haus Jäger in Sils zeugen davon, dass die Picards bei der Wahl ihrer Unterkünfte immer viel Glück hatten. An der Steig in Konstanz gewährt einen traumhaften Ausblick über den See.

Am 21. September 1959 zog man weg in die Sulgeneckstraße 38 in Bern. Weisen diese Adresswechsel darauf hin, dass die Schweizer Einbürgerung ein drängendes Thema geworden war oder wollte man schlicht einen neuen deutschen Pass beantragen? Hugo Picard starb 1974 in Zürich. Er wohnte zuletzt laut Auskunft des Zürcher Melderegisters in der Ackermannstraße im Stadtteil Fluntern am Zürichberg.

Wenn auf der Seite der Deutschen Forschungsgemeinschaft in ihrer Präsentation GEPRIS Historisch behauptet wird, Hugo Picard sei ein deutsch-schweizerischer Chirurg, so stimmt das nicht. Laut Auskunft des Züricher Stadtarchivs war Hugo Picard nie Schweizer Bürger. Die Deutschland-Aufenthalte nach dem Krieg sollten möglicherweise die Ausbürgerung rückgängig machen. Laut der Elften Verordnung zum Reichsbürgergesetz, RGBl. I, S. 722. muss Hugo Picard 1941 wegen Überschreitens der Grenze die deutsche Staatsbürgerschaft verloren haben.

Es muss in den achtziger Jahren passiert sein, dass jemand den Grabstein für Max Picard und Vater Salomon auf dem jüdischen Friedhof in Konstanz mit den Namen aller Mitglieder der Picards vom Zoll versehen ließ. Bei der Friedhofsverwaltung gibt es keine Unterlagen mehr über die Grabstätte. Auch bei der Verwaltung des jüdischen Friedhofs waren keine Akten zu finden, denn niemand ist verpflichtet Geschäftsakten länger als zehn Jahre aufzubewahren. Die Villa in der Kreuzlinger Straße 68 wurde Ende der siebziger Jahre abgerissen. Außenstehende Zeitzeugen beschreiben heute das Haus als wesentlich luxuriöser als das, was in Konstanz der Standard war. Die drei Tägerwiler müssen das Haus, das vor dem Abriss von ihnen wieder als total verlottert beschrieben worden war, noch gründlich ausgeschlachtet haben. Das gute Parkett wurde herausgerissen und der edle Fußbodenbelag wurde in einem Haus in Tägerwilen neu verlegt. Das gleiche galt für den Hirsch, der jahrelang in Tägerwilen in einem Vorgarten stand und jetzt mit seinem Besitzer in ein Dorf bei Wil in St. Gallen umgezogen sein soll.

Das Medaillon von Hugo Picard auf der Grabstätte Foto: Rehn

The Baron of the Main Customs in Constance

Salomon Picard and his sons 1885 to 1974

Deliberate forgetfulness?

The present volume[70] is shaped by many a personal experience of the Stadelhofen district of Constance, occasionally leads to the Thurgau region by racing bike, and is above all an extremely tedious paper chase for quotations found in the standard works on Jewish history in Constance. It is, however, characterized above all by my irritation at the fact that there are hardly any traces of Salomon Picard, the "hero" of the present investigation. Have the traces of a very wealthy Constance citizen of Jewish origin been deliberately erased, or has he quite simply not been mentioned because he hardly stood out in the crowd of other respectable Constance citizens who, like him, were concerned with the possibilities of the emerging financial capitalism towards the end of the 19th century?

The beginning of my research was determined by chance. At the end of the 1970s I came to Constance, where I moved into a flat in a shabby old town house in Hüetlinstraße with the usual outhouse and shower cubicle in the kitchen. Just around the corner, at the main customs, was a telephone booth that I used for regular phone calls to my parents, with a view of a construction fence behind which a modern apartment building was being built. The envy with which I watched the construction progress lasted for decades.

Today I myself live in the house at Kreuzlinger Straße 68 and am happy about living in a reasonably modern place in a district that was once characterized by dodgy bars and street prostitution. At some point I happened to get hold of a newspaper clipping showing a photo of a beautiful neoclassical villa that had to make way for the present building on the corner of Kreuzlinger Straße and Schwedenschanze. Anyone who is somewhat familiar with life in Constance knows that the protection of historic buildings and monuments vigorously ensures that not every builder can do as he or she pleases. This was not the case in Kreuzlinger Straße. The beautiful villa was demolished without much debate, although the neighbourhood is characterized by Wilhel-

[70] Translation by DeepL pro, apart from a few exceptions.

mian style houses and the plans for the new building were initially hardly oriented towards the style of the neighbouring houses.

As a curious hobby historian, I pounce on every yellowed scrap of paper and date it in a flash. The collector of the newspaper article had missed that. I had to leaf through the Südkurier volumes in the university library for four hours to find out that the article had appeared in the Südkurier on 18 February 1978. The four hours of leafing through old newspaper volumes was just one example of the arduous search for the residents of the address at Hauptzoll and the reconstruction of the reality of their lives. Visits to the Constance building office, the city archives and other regional archives were necessary to even halfway understand who Salomon Picard and his family were who called this building their home from 1887 to 1935. Because of this hardship in the search for traces, I intend to give as much space to the circumstances of my research as to the reconstruction of the biographies.

To anticipate only the most important results of my search: Salomon Picard, who was born in Wangen in 1853, was one of the wealthy citizens of the city of Constance. Contemporaries called him the "Baron".[71] According to the archives, Salomon Picard's capital assets amounted to 600.000 Marks in 1912. As a member of the 1st tax bracket, he was allowed to have a say in local politics: according to the address books of the city of 1909 and 1913, he was a city councilor.

The three sons Max, Ernst and Hugo Picard all went to university, the former studied law, the latter two medicine. Both physicians made careers in the Berlin of the twenties. Son Max was among the first to die in the First World War and was transferred to Constance for burial, which spoke for a certain influence and good connections on the part of his father.

The grave site in the Jewish cemetery is the only visible trace of the Salomon Picard family in Constance today. Both Max Picard and his father Salomon are buried here. Opposite the stone there is a bench with Max Picard's medallion attached to the back. On the big stone there are the names of all the family members scattered all over the world. The design of the metal letters on the stone indicates stonemasonry in the style of the eighties of the twentieth century. Who may have ensured at

---

[71] Moore-Moos (n.d.), p. 56. Also online available https://archives.cjh.org/repositories/5/archival_objects/946387

that time that there is at least this one reference to the family of Salomon Picard in Constance?

Abraham and Salomon as traders in Amlikon

Picards are a dime a dozen all over the world. Jacob Picard, the Höri poet, is one of those who enthusiastically and lovingly tell the story of their progenitors in Wangen in Hegau.[72]
Homesick people from the south of Baden who had been expelled by the National Socialists listened to the following lines of poetry by their comrade Bertha Geismar in New York in 1944[73]:

I once had a beautiful fatherland
In the south and west the Rhine's silver ribbon
Fertilised and flooded its meadows.
Traces of its origin lead to the Gotthard
A merry child he hastens to Lake Constance,
Then onward as a happy companion
At Schaffhausen it becomes a rapids,
In rainbow colours pours out the wild spray
Whoever has seen it once will never forget it in life...

All chroniclers of the Jewish villages on the Seerhein agree: from about the end of the Thirty Years' War, Jews lived miserably but peacefully from peddling alongside their Christian neighbours, who mostly subsisted just as miserably from agriculture. There were no ghettos in these rural settlements. Synagogues and ritual baths were established, butchers provided an important mainstay of the peddler trade with their kosher meat. Schools at times competed with their Christian counterparts. Christian and Jewish villagers are said to have observed each other with curiosity in order to find out what their everyday life was like and how the respective festivals were celebrated.

The special taxes for Jews did not make life easy in Central Europe. Earning a living was usually only possible in the peddling trade or livestock trade in the rural regions. Life on the streets led to techniques of survival which were developed against the dense network of

[72] J. Picard (1991), pp. 171.
[73] Bloch (1971), p. 184.

prohibitions. Where clever controllers are missing, laws cannot be easily enforced. Nevertheless, it was true that only those Jews who were wealthy were allowed to settle in a community and raise a family.

Only the ideas of the Enlightenment and the political influence of Napoleon brought about a change, and during the first half of the 19th century, almost everywhere in the German Empire, facilitations in terms of mobility changed the character of even these villages in Baden. In 1825 there were 17,571 Jews here, which was 1.6 percent of the population. In towns such as Constance, Freiburg, Offenburg, Lahr and Villingen no jews were allowed to settle.[74] In Wangen, on the other hand, where there were no settlement bans, 570 people were counted in 1825, of whom 39.3 percent (224 people) were Jews.[75] In the second half of the 19th century, the "needy" Jews had become wealthy citizens of the village, helping the village to generate high tax revenues.[76] They often lived in urban-looking buildings along the banks of the Rhine and their fashionable clothes attracted the attention of visitors to the village. From 1862, the law on the civil equality of Israelites was also adopted in Baden, which had consequences for the possibility of settling in Constance.[77] From 1866, freedom of movement applied in Switzerland and from 1874, the free practice of religion was also permitted there.[78] Thus, the trade contacts with the neighbouring Swiss canton of Thurgau, which until then had often only been conducted in a furtive manner, could be established legally.

The father of our Salomon Picard was Abraham Michael Picard, who was born in Wangen in 1811 and lived through almost the entire 19th century, which was so important for the Jews in Central Europe. He was buried in Constance in 1901 and outlived his wife by eight years. He had been married to Babette Liebermann since 1846, who was already 31 years old at the time of the marriage,[79] just like the husband rather advanced in years. According to the registry books of the region, ten children were born to the couple, but only a few of them survived infancy. Salomon Picard was one of them. He was born in Wangen on

---

[74] Bloch (1971) p. 16.

[75] Fidler (2020) p. 60.

[76] Fidler (2020) p. 64

[77] Bloch (1971) p. 25.

[78] Kaufmann https://hls-dhs-dss.ch/de/articles/011376/2016-02-01/

[79] Written communication by Joachim Klose on June 29, 2022.

12 May 1853 and married his 19-year-old cousin Eugenia Picard, who was also from Wangen, on 17 March 1885. The marriage took place in Constance, where the couple bought a house two years later, in 1887, directly on the border to Kreuzlingen, according to the land register at a price of 36.000 Marks.

Despite the scanty information about the father Abraham Michael and his son Salomon, it can be assumed that neither corresponded to the typical image one has of a peddler. Neither the father nor the son ever roamed the countryside with a bundle of goods on their backs. However, there is no evidence of formal commercial training for either of them. Nevertheless, father and son must have skillfully followed accounting guidelines. As Ralph F. Bloch vividly describes in his online account of Stühlingen,[80] the son learned from his father how to deal with the customers on the trading tours and how, in those cash-poor times up to the end of the 19th century, property or livestock changed hands in the most sophisticated way in exchange for promissory notes.

According to the commercial register[81] Abraham Michael and his son Salomon were cattle traders in Amlikon, a small village on the other side of the Thur not far from Weinfelden. Abraham is entered in the commercial register from 1883 to 1891. The written deregistration with the commercial register bears an extremely shaky signature of Abraham, who was 80 years old and possibly quite ill at that time. The son took over the trade, but from 1895 Salomon Picard also deregistered as the owner of the cattle trade in Amlikon. It says, "ceased to exist because of moving away".

How might father and son have come to trade in this district? It had always been the custom for the peddlers of a place to divide up the surrounding countryside for trade among themselves, so to speak, so that there could be no disputes between competitors. In connection with these districts, one spoke of "Gäu" or "Medine."[82]

It can be assumed that long-established or respected citizens of a Jewish community were given the most conveniently accessible areas as sales territories. Amlikon was not easily accessible from Wangen either in the 19th century or today. The boat trip from Wangen to Mammern was routine for all traders, but then there is the Seerücken to

[80] Ralph F. Bloch, https://www.stuehlingen.online.

[81] Staatsarchiv Thurgau Nr. ZA1:17 Belege 1891.

[82] Hebr. Medina = country.

overcome, which is up to 600 meters high. Nowadays, the roads via Reckenwil and Müllheim are a challenge for racing cyclists, for example. The roads are steep, but well paved. More than a hundred years ago, the road surface was probably gravel. Did people cover the distance on horseback or on foot? According to Google, it took three hours and 18 minutes to walk the 16 kilometers from Steckborn to Amlikon. When reaching Amlikon you would have to find a place to stay overnight and a landlord you could trust enough to deliver some food that was "parve" or milky, thus complying with religious regulations. As far as the kashrut laws were concerned, at least Father Abraham must have kept to them, if one can believe the descriptions of contemporary villagers. In the Höri villages, people strictly adhered to the 613 rules concerning the Jewish way of life, even if they hardly dealt with them intellectually.

The move to Constance towards the end of the eighties of the 19th century was advantageous for Abraham and Salomon Picard and their regular travels. According to Google, the route from Constance's main customs office to Amlikon, which partly coincides with the legendary "Schwabenweg", is about the same distance for pedestrians as the route from Mammern. However, in the first half of the 19th century, a quite modern main road system had emerged in Thurgau with progressive, well-paved artificial roads.[83] The new road from Konstanz via Wäldi to Märstetten was therefore much more popular than the Schwabenweg. It is possible that the enthusiastic horseman Salomon travelled on horseback. Incidentally, horse-drawn two-axle vehicles were prescribed for the artificial roads, as they were gentler on the road surface than single-axle vehicles. The railway, sections of which were being built all over Thurgau at this time, was of no use to father and son Picard for their work in Amlikon. It was not until 1911 that the Central Thurgau Railway was built from Constance via Weinfelden to Wil.

According to the commercial register, father and son were thus active as cattle traders, as the records state. An "original accumulation" by means of cattle trade had probably already occurred for the two of them in the region northwest of Amlikon long before 1883. Between 1879 and 1886, Abraham Michael Picard had taxable capital in Wangen of between 18.000 and 30.000 Marks.[84] It can be assumed that the cattle

---

[83] Betschart (2003), pp. 8-17.

[84] Helmut Fidler was so friendly to leave me his findings on taxpayers in Wangen.

trade was at most a secondary activity for father and son towards the end of the 19th century. There is no concrete evidence of the cattle trade of the two Picards in Robert Uri Kaufmann,[85] the specialist in the field of cattle trade in Switzerland.

There are land register excerpts from the settlements on the range of hills above Amlikon that show that Abraham and Salomon Picard were busy trading in land. Enthusiastic racing cyclists like me, who are often on the road in Thurgau, stumble across familiar names when they look at the land register, which can be consulted in Frauenfeld: Fimmelsberg, Tümpel, Hofen, Leutmerken or Haarenwilen. Were the sellers of these tiny plots of land trying to get cash to modernize their farms? In the 19th century, the aim was to get away from the old-fashioned, unbearable three-field farming and communal farming in the form of the commons, and to find new ways of earning money with cattle breeding, mainly dairy farming.[16] The region in the centre of which Thundorf lies even today bears witness to a successful conversion and, more than elsewhere in Thurgau, to lively building activity. The canton subsidized soil improvements and awarded breeding premiums. Bernese dairymen were attracted to pass on their knowledge of dairy farming in the canton on the Thur. At the beginning of the 20th century, the huge cheese dairy of the Wartmann family[86] was built in Holzhof, where Tilsiter cheese was and is produced on a very large scale: The grounds of the cheese dairy are adorned with a jocular place-name sign saying "Tilsit", which was put up a few years ago.

At this point another quite exciting observation can be made. The Picards were not the first Jews to trade in land and real estate on the hills above Amlikon with the Griesenberg as their centre. Wolf Dreifuss (1742-1808), head of the Jewish communities of Endingen and Lengnau, sold the manor and castle of Griesenberg to a Zurich family in 1795 on behalf of the city of Lucerne via an Austrian chief bailiff from Stockach. Wolf Dreifuss was later unsuccessful in the bitter dispute over the granting of Helvetic citizenship to Jews. Despite his temporary function as a court Jew, he ended his life in abject poverty.[87]

---

[85] Kaufmann (1988).
[86] Wartmann-Schneider (1995) pp. 317-324.
[87] Bürgin (2020) pp. 183-188.

On the road as a trader with landed property

Salomon Picard, who from 1891 to 1895 was entered in the commercial register of Amlikon as a cattle trader on his own, continued to be active as a "goods trader" on the road between Amlikon and Wil. In 1902, there is a "land claim" before the cantonal court of St. Gallen regarding a parcel of land in Bronschhofen, which lies directly on the cantonal border.

"On 2nd December 1889, Gallus Pankraz Josef, then owner of the house meadow, the so-called Wolfhaldengut in Wil, on the road to Bronschhofen, sold Ludwig Senn a building plot with dimensions of approx. 9 acres = 900 m². On 18 March 1890, Josef sold the same buyer another piece of land along the Bronschhofen road, approx. 6 m wide, measuring approx. 270 m². In 1893 Ludwig Senn was declared bankrupt and the entire complex of land was sold at auction to J.S. Frischknecht in Herisau with a measurement of 1170 m², who in turn sold this property on 19 August 1895 with the same measurement to the current owner (S. Picard).

On April 7, 1891, S. Picard, the present impetrant of Gallus Pankraz Josef, had purchased the so-called Wolfhaldengut, located south of the property of Ludwig Senn, approx. 13 acres of building land on the road to Bronschhofen, including two building plots marked IV. and V. In April 1891, impetrant had his property, including building plots IV. and V., surveyed by teacher Bossart in Wil, which resulted in an area of 588 m² each for building plots IV. and V., thus a total of 1176 m². On 4 May 1891, the neighbour to the north, Ludwig Senn, acquired the building plots in question IV and V by voluntary auction, with an area of 1176 m², according to Bossart's measurement. In the course of Ludwig Senn's auction, the Thurgauische Hypothekenbank in Kreuzlingen then purchased the building plots IV. and V., according to the impetrant formally for its own account, but actually for the impetrant, who then also became the formal owner by deed of purchase of 7 October 1901, with the aims and works in which the property had hitherto been used and owned. On 30 September 1901 impetrant sold the property to ? Gessert in Wil, subject to the reservation of ownership of a plot of land of 132 m², which, according to impetrant, belonged to building plots IV. and V., and which has become disputed by the present litigant. Impetrant asserts that the boundary of the two litigant properties (involved in a legal dispute) is not, as impetrant pretends, marked by a hedge on the embankment, but by a line 3.5 m further north which intersects Bronschhofen at a right angle. For the ownership claims to the parcel of land in question, impetrant invokes, in addition to various changes of ownership, the circumstance that a measurement of the properties showed the smaller size of the two building plots IV. and V. owned by impetrant. On the other hand, the oversize of the impetrant's properties was proven in comparison to the measurements in the bills of sale (1063 instead of 1176 m²), as well as on the fact, proven by the plaintiff's witnesses Reallehrer Bossart and J. Hubmann, who were heard before the first instance, that a boundary shift had taken place in 1891. The Cantonal Court, in its contested judgement, confirmed the decision of the first instance and dismissed the impetrant's claim to ownership... "[88]

You don't necessarily have to read the long quote in stilted legalese word for word. But it is interesting all around. Jews are not the only merchants of goods in Thurgau. A speculator from Herisau is also involved in this case. Building plots are coveted in the immediate vicinity of Wil, if they are also located on the main road. What can be argued about are the dimensions of the bills of sale, which vary: A teacher is not a surveyor recognized by the authorities. And if boundary stones have possibly been moved, then one has to be particularly careful if one wants to make a living from the sale of land. The proceedings before the Cantonal Court of St. Gallen are only an isolated case in the career of the property dealer. When Semi Moore-Moos[89] stiffly asserts: "Salomon.... first a merchant, then a property dealer, mostly in Zurich and very successful there," one is disappointed as a researcher here for the first time if one is looking for evidence of successful property transactions. The properties in Bronschhofen are not properties that testify to great successes as real estate traders.

The same applies to a legal dispute documented in the records of the Zurich State Archives concerning a plot of land measuring 2339.2 square metres on the corner of Stauffacherquai and Stauffacherplatz in Zurich.[90] In the course of a boundary regulation of the neighbourhood

---

[88] Staatsarchiv St. Gallen, Urteil des Kassationsgerichts betr. Picard-Stücheli, 1902 (GA 094/1902.09).

[89] Moore-Moos (o. J.) p. 117.

[90] Staatsarchiv Zürich MM 3.28 RRB 1914/1745.

plan, the property boundaries were to be changed, against which the owner Samuel Picard put up a fight. Among other things, the dispute concerns losses due to the splitting of a shed that could have been rented out annually for 1800 francs or more. The dispute drags on until 1914 and is dismissed.

Furthermore, nothing can be found in the archives about any real estate activities in Zurich through Salomon Picard, although the Wangen chronicler Semi-Moore-Moos particularly emphasises his successes in the city on the river Limmat. Could the chronicler be confusing the Wangeners who were successful in Zurich? In the case of the various Wangen relatives and namesakes such as Ludwig Rothschild Moos or Simon Picard, the activities were spectacular. In this context, the Thurgauische Hypothekenbank must be mentioned, which was particularly interested in the building boom in Zurich. Willi Löpfe has thoroughly analysed the economic development in Thurgau of these years with his study of the Thurgauische Hypothekenbank (1851-1914).[91] Regarding the bank's involvement in Zurich, he writes: "It seemed as if the mortgage bank had now opened up a highly interesting field of business with an extraordinarily dynamic clientele from the Grand Duchy of Baden. These borrowers obviously knew how to exploit the opportunities of the speculation with ground in Switzerland with breathtaking speed". In the minutes of the bank's administrative commission listed by Löpfe, the name Salomon Picard, however, does not appear as a loan recipient.

Salomon Picard tended to concentrate on the Lake Constance area during these years. In 1887, as already mentioned, he bought the villa at the main customs office in Constance for 36.000 Marks, into which his young family moved after – according to the official building file – the villa had been modernised by adding a bathroom.

For Salomon Picard, living on the border to Switzerland must have been very appealing. Travelling to the Thurgau hinterland was increaseingly easier to organise from here – compared to the former journeys made from Wangen. Both the Constance and Kreuzlingen railway stations could be reached in a flash. Crossing the border and financial transactions in Switzerland were completely unproblematic in the years before the First World War. Contemporaries recall that a gate even led

[91] Loepfe (2014), pp. 103 and 109-114.

from the Picard property into Switzerland,[92] no wonder, since on the other side of the fence stood a house that also belonged to Salomon Picard for a few years (1892 - 1913).[93]

He did some major real estate business in the districts that make up Kreuzlingen today. Various excerpts from the debt record bear witness to this. In 1893, Justice of the Peace Stierlin in Bottighofen sold to Salomon Picard in Constance and Sigmund Ortlieb in Wangen a residential house, various acres of meadows, vineyards and forest for a total value of 6.500 francs. In 1894, Salomon Picard sold a wine cellar with surrounding land in Kreuzlingen to Albert Bächler for 17500 francs, and in 1895, according to the debt record, a building still called the "Blue House" with various outbuildings and garden and vineyard land went to a Zurich merchant for 25.000 francs.

In 1907 it was a matter of supporting relatives. Pius Wieler was a brother-in-law and Hermann and Michael Wieler's factory, founded in Kreuzlingen in 1898, bore their father's name "Pius Wieler and Sons". A hosiery knitting machine was used there. In the land registry debt records (15/95) of Kreuzlingen[94] there is evidence of a generous hypothecary loan from Salomon Picard. He granted an original loan of 182.500 Francs in 1907, for which the Wielers had mortgaged their factory. Even today, members of the Wieler family say: "Salomon saved our lives with his loan."[95] Four Wielers from Constance did not survive the Nazi persecution.

The former hosiery factory at Bahnhofsstraße 15 is now a anthroposophical school. Despite various alterations, it still impresses by its historical brick façade. At the time of the building's construction, a decorative alternation of yellow and red bricks was fashionable and can be admired in many streets of Constance. Was it possible that Salomon Picard was interested not only in the trade of land but also in various aspects of the building trade? The author found a digital clipping from the NZZ of October 17, 1907, entitled "Aus der Zürcher Ziegeleiindustrie" (From the Zurich Brickworks Industry), in which Salomon Picard from Constance is quoted as proposing the subscription of shares for the establishment of a mechanical brickfactory in Zurich.

---

[92] Bloch (1992) p. 31.

[93] Office of Monument conservation of the canton Thurgau.

[94] Staatsarchiv Thurgau GA K'lingen Bd. 11 Schuldprotokoll 15/95.

[95] Communication by Angelika Wieler, Zürich.

In 1919, the rich man who lived next to Constance's main customs office was once again taken to court in a large-scale way. As already mentioned, Constance had formed a "closely interwoven economic area"[96] with the Swiss hinterland before the First World War. But during the war the border was closed. It was only after 1919 that the movement of goods and people was gradually resumed via the customs stations. The border town of Constance was soon considered a "smuggling centre", where smuggled goods were brought from Switzerland to Germany via countless uncontrolled border sections. With the onset of inflation, the opposite path was finally taken, too. Swiss came to Constance in droves to stock up on extremely cheap goods, causing supply shortages for the people of Constance.

Against this background, it happened that Samuel Picard, who wanted to resume his relations with the Swiss hinterland and had therefore also received an unrestricted entry permit to Switzerland from the Swiss authorities, got into trouble with the Constance property tax office in 1919. These problems are recounted in the collection "Konstanz Specialia Taxes. Salomon Picard against the tax administration security decision."[97]

From the beginning of September to December 1919, a lawyer in Karlsruhe had to fight hard to have a decision from the property tax office of 18 July 1919 rescinded. For a permanent travel permit to Switzerland, the applicant was initially supposed to pay a deposit that would have amounted to more than half of his assets. But in the following, the focus of the tax officials was not at all aimed at a travel permit to Switzerland in order to settle financial matters. The focus was on properties belonging to the Picards in Mulhouse in Alsace, which were valued at 772.000 Marks, and for which claims for compensation had been filed earlier ranging up to one and a half million.

The tax authorities suspected a "transfer of assets". Immediately after the end of the war, leftist ideas led to sharp criticism of capitalism. All the alarm bells were ringing in the authorities. Was tax evasion and wealth transfer possibly being planned here?

"The plaintiff owns real estate assets in Switzerland, the management of which makes his presence in Switzerland absolutely necessary from

[96] Schott (1990) pp. 67-220.

[97] Generallandesarchiv Karlsruhe 239 Nr. 9385. Spezialia. Steuern. Salomon Picard gegen die Steuerverwaltung Sicherheitsbescheid.

time to time," the lawyer defended his client's plans. Salomon Picard had applied for a permanent visa so that he would have to go through the time-consuming application procedure only once. The properties in Alsace are not part of the planned visiting programme. The properties had been seized by the French state as the victorious power. And the German state had yet to reimburse the value of the requisitioned properties in Alsace.

Regardless of the fact that Salomon Picard had lived in Constance for 35 years, that his three sons had grown up in Germany and that his reputation was guaranteed by the retired Minister Freiherr von Bodman in Karlsruhe and other state politicians, it was only after several exchanges of correspondence with the lawyer that the office finally agreed to reduce the required security deposit and reached a settlement. I wonder if Salomon Picard managed to get to Switzerland in time by the end of the year which was "absolutely necessary".

During the dispute over this bail, it became apparent that Salomon Picard had felt the consequences of the First World War in a very special way. He had been the owner of real estate in Mulhouse in Alsace. According to the peace treaty, the property fell to the French state and Germany would have been obliged to compensate its nationals. The peace treaty had not yet been ratified in 1919. It is quite possible that the compensation for the confiscated properties melted away to nothing in when the inflation reached its climax.

How this property in Alsace came about remained unclear in the course of this investigation. Did Moore-Moos[98] mistakenly assume that the properties in Mulhouse were in Zurich? Did the real estate deals of Salomon Picard extend as far as Alsace? But perhaps the property simply was part of the marriage contract. The wife and cousin Eugenie Picard was one of the seven daughters of Wilhelm Picard and Mina, née Rotschild, and, therefore, belonged to the heavily wealthy part of the family in the context of which the duo Simon Rothschild and Wilhelm M. Bikert from Wangen impressed by their extraordinary credit techniques as far as the Thurgauische Hypothekenbank was concerned.[99] Thus, it seems very likely, that cousin Eugenie was a very good match and brought Alsatian real estate into the marriage.

---

[98] Moore-Moos (o. J.) p. 117.

[99] Loepfe (2014) p. 87

What contemporaries say about life in the house at the border

There are very few descriptions as far as the individual family members are concerned. Semi Moore-Moos, one of the academics among the chroniclers of the Jews in Constance, condescendingly says: "Abraham (gave up) his farming..., (and came) as an old man to Constance, where I saw him as an elder of the community for many years."[100] From the perspective of the townspeople, Abraham Picard was thus a rather unpretentious man from the countryside. For Abraham Picard, however, his farming must have been only a secondary aspect of his livelihood. He was familiar with the world of real estate trading and without any special training, he succeeded in carefully introducing his son to this world too. It can be assumed that much like his brother Wilhelm, he impressed the Jewish community of Wangen through cultivated manners which also applied to meetings with Christians. Both Abraham and Wilhelm Picard, who grew up at the beginning of the 19th century, had a perfect command of the German Sütterlin script and expressed themselves eloquently by letter.

In front of the house at 68 Kreuzlinger Straße stood an oversized bronze stag, much to the delight of all passers-by, especially children. This stag, which continued to impress the people of Constance until the seventies of the 20th century, allows conclusions regarding the humour and good nature of the owner of the property. Nevertheless, Salomon Picard is only very rarely mentioned by the meticulous chronicler of the Jewish community in Constance, Erich Bloch.[101] He is casually mentioned as a member of the council of the town. Of course, he appears in the obituary for his son Max, who was killed in the war, and in a few sentences Erich Bloch quotes Prof. Franz Beyerle from Constance, who was a close friend of one of Salomon Picard's sons. Therefore, the cronicler cannot help to mention the "privateer Salomon Picard at the Kreuzlingen customs" at some length and writes: "The father had a delicious sense of humour, the mother, who also came from Wangen, was of genuine kindness of heart. It was a pleasant milieu... Riding was very important in the Picard household. The father had a horse of his own in the stable, looked after by the farmhand Johann. When his sons

---

[100] Moore-Moos (o. J.) p. 56

[101] Bloch (1971) p. 79.

rode out with him on rented horses, it was always a stately sight.... So much about the Picard house at the customs, where I went in and out almost like a son of the house. I think back with gratitude to these people of noble disposition."[102]

The couple Salomon and Eugenie married on 17 March 1885[103] in Constance. The Constance city archives cannot provide any correct information about the birth of their three sons: The number of Picards with similar first names are large and confusing. However, the Center for Jewish History has a Mohel Book Wangen 1861-1893[104] which provides information about birth dates and circumcisions in the community. From this Mohel Book we learn that the first son Max was born in Constance on 18 December 1885. His religious name, i.e., the name for ritual performances, was Jechiel. The ritual name Jechiel is rare. In the family tree of the Picard family compiled by Semi Moore-Moos, the name does not appear in any member of the family. However, in 1790 there was a prayer leader in Wangen named Jechiel[105] In any case, Grandfather Abraham M. Picard is honored by the role of the "godfather" of the first son.

The couple's second son is recorded in the Mohel Book under the name Ernst or Jaakow with the date of birth 24 May 1887. His godfather was Wilhelm Picard who was the one who wrote introductory remarks in the Mohel Book in 1861. He was the circumciser of the congregation in Constance.

Hugo or Josef is the name of the third son of Salomon and Eugenie. His birthday is on 15 December 1989. Pius Wieler, whose sons were later enabled by Salomon to move to Kreuzlingen, became the godfather.

According to Arnd Rummler, the archivist of the Suso Grammar School, all three Picard sons appear in the volume containing the students' list for 1899/1900. There is even a photograph[106] of Max Picard. The picture shows the Unterprima of the Grand Ducal Grammar School in Konzilstraße in 1903. The pupils are disguised as women on

---

[102] Franz Beyerle nach Bloch (1971) pp. 114-115.

[103] Communication by Joachim Klose dated Juni 23, 2022.

[104] Center for Jewish History, Mohel Book Wangen https://degipres.chj.org/delivery/DeliveryManagerServlet?dps_pid=IE8417925.

[105] Leo Picard (1996) p. 197.

[106] Klöckler & Fromm (2005) p. 125.

the occasion of the Constance carnival. In the back on the left is Max Picard in an old-fashioned dress. The boys do not seem to have had much fun with this disguise. No one is laughing or grinning at this carnival fun.

Max Picard is the first of the sons of the Haus am Hauptzoll, who delivered his dissertation in Heidelberg in 1910. "The penal treatment of drunkenness and drunkenness in the preliminary draft of a German penal code". This title is reported by HEIDI, the catalogue for the libraries of Heidelberg University, which also explains that volume 33 of the Kleine Schriften zum "Besond. Part des Strafgesetzbuchs" may only be consulted in the library of the law faculty.

The later Prof. Beyerle[107] who knew the family well describes Max in the following words: "Max, the eldest, was a musician, both talented at singing and as a pianist, and interested in literature. With his heart he was addicted to the theatre and immersed completely in the development of modern theatre and the famous actors of the time. Why he had chosen to study law, of all things, remained a mystery to me." Elsewhere, the same author goes into a little more detail: "Max ... was a truly distinguished figure, a little vain, predisposed to and enthusiastic about all things concerning acting ... An early love for a (Christian) neighbour's daughter, Thea Züst, ... fought against by both sets of parents, had eaten into his heart... "[108] A small tragedy in the Schwedenschanze.

Born in 1885, Salomon Picard's son was the first German officer to die near Mühlhausen in Alsace. With his numerous connections, his father succeeded in having him brought to Constance for his funeral. On Monday 28 September 1914, the "Konstanzer Zeitung" reported in great detail:

"*Funeral. Yesterday morning, the mortal remains of the legal trainee Dr. jur. Max Picard, who died a heroic death for the fatherland, were laid to rest in the presence of a large number of people. A company of honour and the regimental band paid their last respects to the fallen comrade. With unspeakable effort, the rabbi explained, that the body of the fallen was transported to his homeland so that he could sleep eternally in consecrated homeland soil. In moving words, he then drew a warm picture of the man who had fallen for his beloved fatherland*

---

[107] Bloch (1971) p. 114.

[108] Beyerle (1944) unpubl. manuscript.

and praised his firm character; a personality had passed away with him who would be sorely missed for a long time to come. But there was one thing that would comfort everyone: the sacrifice had not been made in vain. Everybody who is now in this difficult time making these sacrifices for Germany's greatness and honour can hopefully experience the beautiful time that will bring honourable peace to the much-loved German fatherland. A prayer concluded the moving address. Three salutes rang out the last comrades' greeting to the dead warrior over the grave. The clods were muffled on his last resting place. May he rest in peace!"[109]

Dr Max Picard was a lieutenant of the reserve in the Baden Dragoon Regiment. The obituary that appeared on the Saturday before the funeral bears witness to the fact that the brothers were also drafted: Behind the names Dr. med. Ernst Picard and Dr. med. Hugo Picard is written "z. Zt. im Felde" (currently in the field). However, they are missing from the list of Jewish Constance residents who volunteered.[110]

Exactly 81 newspaper lines comprise an extensive obituary for Dr. Max Picard, the "dear friend and valiant comrade in arms", which appeared in the Konstanzer Zeitung on 2 October 1914:

"*A thoroughly harmonious nature, he combined wisdom and energy with an unusually warm-hearted, rich disposition, of which his tender love of his parents bore the most beautiful testimony. Basically, he had an artistic soul of strong musical feeling. Hardly anything could be more characteristic of this than the fact that he used even the few free hours he had during his field service to refresh himself and his officers with Beethovenian music after the dangers and risks of the war trade!*"[111]

Further, the text modules were taken up, that were to be used frequently in the years to come: "soldierly prowess", "heroic death" and "unwavering fulfilment of duty".

This will not have comforted the parents. Their eldest son reached the age of 29 years. His grave is the first burial place on the Jewish cemetery put into use by the Picards from Kreuzlinger Straße. It differs much from the surrounding Jewish graves. The gravestone is a huge, unhewn, Germanic-looking boulder that immediately reminded me of

---

[109] Konstanzer Zeitung 28.9.1914. Stadtarchiv Konstanz.
[110] Bloch (1971) p. 91.
[111] Konstanzer Zeitung 2.10.1914. Stadtarchiv Konstanz.

the war memorial of my home village. The grave is surrounded by a coniferous hedge. Opposite the stone is a stone bench. The backrest is adorned with a bronze portrait of Max Picard.

Like their brother Max, Ernst and Hugo Picard completed their doctorates in Heidelberg. Ernst, as a prospective gynecologist, delivered his doctoral thesis entitled "A pseudoendothelioma of the labium majus" in 1913, and Hugo's title "Retrobulbar neuritis" is also listed for the first time by the catalogue of the German National Library in 1913.

At the Heidelberg district court[112] there is even a file on Ernst Picard who was fined for insult in 1912, while charges were brought against his colleague Karl Haas for damage to property, resistance and insult. It is not clear from the file whether the fine of 20 Marks or four days' imprisonment was legally enforced for the former. Leo Picard, who was an ardent Zionist and geologist since his youth and later went to Jerusalem, remembered the exuberant nationalism of his uncles and cousins: "Demanding satisfaction as notorious sword and sabre fighters against the Christian student corporations they were role models of my boyhood, distinguished in the First World War by their courage and highly decorated in many cases."[113]

Prof. Franz Beyerle also has his opinion of Ernst Picard: "The younger of the two brothers ... was a man of facts, a medical doctor with heart and soul, hardly interested in art or literature, yet a joker and belonged to the beating Jewish fraternity Ghibellinia Heidelberg and was a passionate fencer, which suited his nature well. He completed his military service in Nuremberg with the Chevaux légers, very much to the pride of his father."[114]

Hugo, the youngest of the Picard sons, would charm everyone he met throughout his life. Franz Beyerle met Hugo Picard for the first time in the winter of 1908 while tobogganing near Bernrain, which, as many old Constance residents enthusiastically report, always took on the character of a folk festival. His summary of the encounter:

"*He was by far the stronger personality – and intelligence. Above all, he had his own intellectual independence, just like me, but since he did not come from such an austere upbringing, he was more harmonious, more secure, more self-evident in everything than I was ... The fact that*

---

[112] Generallandesarchiv Karlsruhe. Amtsgericht Heidelberg 269.
[113] Leo Picard (1996) p. 21.
[114] Bloch (1971) p. 114.

there were four walls in this small town of Constance where one could express one's inner tensions, discuss ideological questions, take a stand on everything that is essential for a young person, and that this quiet corner at the customs offered so much external comfort to really face things freely and without tension: that was a gift of fate for me for which I will always be grateful."[115]

Ernst and Hugo Picard had already left the house at the customs in Constance before the First World War – not least because of their studies in Heidelberg. Ernst had opened a gynecological practice in Berlin, married and was also able to refer to his newborn son Hellmut in the obituary for Max. But more of this in the next chapter.

According to Bloch, Salomon Picard, the enthusiastic horseman whom the Stadelhofers called Baron, never held an office in the circle of the synagogue community. Religious issues did not play a major role in the Picard household. But Salomon Picard was a very good taxpayer[116] in Constance and, as a member of the 1st tax bracket, was also allowed to have a say in local politics: The address books of the city of Constance show that he was a city councilor in 1909 and 1913. On 15 December 1915, after the first year of the war, the Constance newspaper reported his Christmas donation of 500 Marks for needy children.

Salomon Picard must have been very upset about the border being closed during the war. When settling down in Constance, he had probably consciously chosen the freedom of the border district of Stadelhofen and the proximity of the railway stations of Constance and Kreuzlingen. And he expertly cultivated his customer contacts as far away as Zurich or Alsace – by mail, telephone or personal journeys. Hard to imagine in today's world, where fast and easy communication via smartphones and video conferencing are a matter of course. Salomon Picard died on 10 August 1925, according to the registration register of the city archives. An obituary could be found in the "Berliner Tageblatt und Handelszeitung", of 14 August.

Ernst Picard and his life in Berlin

Most of what is known about Ernst Picard can be found in the archives that hold the restitution files from the period after the Second World

[115] Beyerle (1944), op. cit.

[116] Stadtarchiv Konstanz R 1980, p. 122.

War. Whenever you want biographical data about the period between the world wars, you have to think backwards, so to speak, when reading the files. The Berlin authorities do not have any registration data on the family. The files fell victim to the effects of the war.[117] There are, however, a few meagre lines in the Berlin address book: in 1919, Ernst Picard's address was Olivaer Platz 10. From 1933, it was Kurfürstendamm 64.

The obituary for Max shows that Ernst Picard was already married before the start of the First World War and had a son named Hellmut. As a "man of facts", as the Beyerle family friend calls him, the second son of the Picard family had quickly set about starting a family at the end of his training. The doctor's practice with its attached living quarters was at a good address, which was true for both Olivaer Platz and Kurfürstendamm.

A restitution file in Berlin allows the reconstruction of the family's everyday life in the 1930s. There, an affidavit by the couple states:

"*We lived in a flat with 10 rooms and two rooms for maids in Berlin, Kurfürstendamm until our emigration. When we emigrated at the beginning of August 1936, there was already a mass exodus of Jews in Berlin. Since we were forced to quickly dissolve our household – the announcement of the impending emigration would have caused considerable difficulties – we were forced to abandon a large part of our furnishings, to sell off another. The prices for the items we were able to sell were quite low due to the large amount of Jewish emigration goods.*"[118]

This is followed by a list of the furniture built into the flat, which could not be removed in a hurry, an extensive wine storage and the diathermy apparatus in the doctor's office. The statement is full of the anxiety and hectic nature of the sale of the property which had been acquired over many years:

"*... the buyers of course knew our plight and took advantage of it. An auction of the things might have brought more, but it was too dangerous under the circumstances at the time. Of the proceeds of the individual items, we only remember the price for the Bechstein grand piano: we received RM 600 for it, although it was worth more than four times that*

---

[117] Landesarchiv Berlin, information by Axel Schröder about the historical resident index (26.08.2014).

[118] Landesarchiv Berlin Rep. 82 WGA16497/59 Bl. 48.

amount, and the price for the chandelier in the dining room, for which we received RM 50, although it was worth ten times that amount. The only thing we remember is the total proceeds we received, which were about 1.800 RM."[119]

That the marriage to Edit Russ had been a very good match is shown by another restitution file. In an affidavit, Ernst and Edit Picard, née Russ, described a stamp collection started by the Russ family:
"*The father of Ludwig Russ was the founder of the banking firm A. Russ jr. which was established in the sixties of the last century and whose business was first at Molkenmarkt, then 'Unter den Linden'. This banking firm was in active business with private individuals and public authorities, and the stamp collection consisted largely of the stamps collected by his father-in-law and his father: Old Germany and Colonies, Bergedorf, Turn(!) and Taxis, Baden, Württemberg, Bavaria, Helgoland, but also other Europe and overseas stamps. Since some of the stamps were from the first period shortly after the introduction of stamps at all, the collection was very valuable. The estimated value of RM 5.000 referred to the value at the time of our emigration. We are convinced that today's value is far higher.*"[120]

So much for the picture of Ernst Picard's family in Berlin in the Golden Twenties. It testifies to a life of prosperity, but without the serenity that wealth brings. The hasty departure from Germany and the losses associated with it did not allow for such equanimous retrospection.

Hugo Picard as a physician and scientist

Hugo Picard is the only member of the Picard family at the customs to whom the chronicler of the Jewish community in Constance, Erich Bloch, devotes almost an entire book page.[121] The account is devoted to "some prominent members ... of the community" and begins by pointing out that the grammar school pupil Hugo Picard was already a striking figure, both in his outward sporting appearance – footballer, skier, rider, sailor – and in his precocious intellectual aspirations.

[119] Landesarchiv Berlin ibid.
[120] Landesarchiv Berlin ibid.
[121] Bloch (1971) p. 204.

Then the author briefly sums up the career, which seems to have been taken mainly from Maurice Fargeon's encyclopaedia, entitled "Médecin et Avocats Juifs au Service de l'Egypte".[122] Here, the surgeon's career up to 1933 is first summarized. Hugo Picard completed his medical studies in Heidelberg, Berlin and Munich in 1913, after which he was accepted as an assistant at the Charité in Berlin. Under the address GEPRIS HISTORISCH, one can find online the entry of a research application from 1923 "Experimentelle Überprüfung eines diathermischen Heilverfahrens bei der akuten spinalen Kinderlähmung" (Experimental examination of a diathermic healing method for acute spinal polio), which was approved over two years. According to the Berliner Tageblatt, the habilitation took place on 2nd June 1926 and so Hugo Picard worked as an assistant in surgery under Professors Hildebrandt(?) and Sauerbruch. In 1930 he was awarded the title of associate professor. Prof Hugo Picard was a general surgeon, specializing in abdominal surgery and plastic surgery.

In 1934, Hugo Picard lost his license to teach and thus belonged to the group of people who became victims of the Law for the Restoration of the Professional Civil Service. Hugo Picard lost his position at the surgical clinic of the Charité in Berlin, but remained head of the surgical department of the Jewish Polyclinic of the Jewish Community Berlin. In 1933 he married Helene Obermann, who was born in Schwelm on 14 August 1907. The historian Cilli Kasper-Holtkotte,[123] like all others who comment on Hugo Picard and his charm, emphasizes that it would be no wonder that he knew how to attract a much younger woman. She also mentions that Helene Obermann was not Jewish. Unlike in the case of Max's Christian girlfriend from the Schwedenschanze, Mother Picard must have put up with the Christian daughter-in-law willy-nilly. In Berlin, she even lived in the couple's household at Lützowplatz 23.

Refuge in the Egyptian-German colony

In September 1934, Hugo Picard's teaching license was revoked.[124] As early as October 1934, he turned to the Academic Assistance

[122] Fargeon (1939) p. 42.
[123] Kasper-Holtkotte (2017). Also written communication of September 2015.
[124] Written communication of Cornelius von Pilgrim of September 17, 2015.

Council,[125] which had become active in Great Britain to accommodate the numerous academics from Germany who had become unemployed. The surgeon was able to bring in a whole series of advocates: Prof. Sauerbruch (Berlin Charité), Prof. Frey (Düsseldorf University Hospital), Prof. Voellser (Halle University Hospital), Prof. Beyerle (Leipzig University) and Prof. Voegeli (Zurich University). A "first class surgeon" was sought at the Jewish hospital in Cairo and in April 1935 the surgeon was able to take up the post, although there would also have been a vacancy in Baghdad.

According to historian Kasper-Holtkotte,[126] there was a German colony in Egypt in which supporters of right-wing parties dominated, but this also meant that not all of them tended towards National Socialism like Rudolf Hess' brother, who had already founded a local group of the NSDAP in Cairo in 1926. According to the historian's account, the envoy Eberhard von Stohrer and the legation councilor Hans Pilger, whom the immigrants had already met on the crossing, related to the surgeon from Berlin. Hugo Picard, with his staunchly conservative German background, certainly knew how to impress in these circles. Not everyone, however, was charmed by the surgeon's attitude; some in the circle of German-Egyptians in Cairo described him as arrogant and overbearing and as someone who spoke to someone rather than talked to you.

In the chapter on Jewish doctors in Egypt by Maurice Fargeon, the fact that the Picard family had been at home on Lake Constance for 250 years is emphasized, a statement to which Hugo Picard certainly attached importance: the experiences in exile and the encounters with outstanding scientists with a Jewish background must have awakened pride in his origins. The obituary for Dr. Max Meyerhof, which Hugo Picard wrote for the Journal of International College of Surgery[127] on the occasion of his death on 20 April 1945, bears witness to this. Not only Egypt but the whole world had lost one of the most versatile and outstanding personalities and scholars of this generation through his death. The obituary concludes: "As an oculist Dr. Meyerhof had been for decades in Egypt an almost symbolical figure whose name had

---

[125] https://blogs.lse.ac.uk/lsehistory/2021/04/28/his-finest-hour-william-beveridge-and-academic-assistance-council/

[126] Kasper-Holtkotte (2017) ibid.

[127] Hugo Picard (1945) pp. 470 - 472.

become synonymous with the recovering of sight to the blind. He will be mourned by his countless patients and also by his friends and fellow scholars all over the world."

The friendship with Ludwig and Mimi Borchardt also played a very important role in the Picards' life in Cairo. Ludwig Borchardt was the great German Egyptologist whose most important find was the bust of Nefertiti. His Institute for Egyptian Building Research and Antiquities was his life's work.[128] The Swiss Institute in Cairo, now funded by the Ludwig Borchardt Foundation, is concerned with research into the history and culture of Ancient Egypt. During the war years, the Picards moved into the Borchardt house, for Mimi Borchardt, now widowed, was forced to remain in Switzerland and was initially grateful for the custodians of thc house. Then, however, structural changes were made without consultation. Finally, there were difficulties when the couple moved out of the house after Mimi Borchardt's death only after a lawyer had been called in. According to Cornelius von Pilgrim, Hugo and Helene Picard lived in the Borchardts' house from June 1940 to summer 1951.[129]

Professionally, according to Fargeon, Hugo Picard was highly regarded in the medical world in Egypt for his qualities as a surgeon. Prof. Picard organized the surgical department of the Israelite Hospital in such a way that it could be considered one of the most modern and best facilities in Cairo. In several scientific papers he dealt with bilharzia, diarrheal diseases and typhoid fever, diseases that predominate in warm countries like Egypt. Hugo Picard must have gained a very good reputation as a physician in various politically important circles, because his stay in Egypt never seemed to be in danger. He even managed to accommodate his mother for a while before the outbreak of the war. However, as a severe asthmatic, she did not like the climate in Cairo. So, she moved in with her son Ernst in Palestine, and a photo was taken of various family members together in Jerusalem. Travelling between Egypt and Palestine must still have been relatively unproblematic. That only changed with the founding of the State of Israel.

Hugo and Helene Picard must have stayed in Egypt until at least 1956. There is a photograph from that year in the belongings of Jacob Picard, the Höri poet, who is distantly related to the two of them,

---

[128] Von Pilgrim (2013) pp. 243 - 266.

[129] Von Pilgrim written communication of 17.09.2015.

showing Hugo on horseback.[130] In the accompanying letter there is a sample of Picard's humour. In a variation on the soldier's song "Today still on proud steeds – tomorrow shot in the chest," the author refers to an attached photo and mentions a spinal injury and a plaster corset: "Anliegend noch auf stolzen Rossen – heute mit Gipskorsett umschlossen!"

Ernst Picard's way to Tel Aviv

It has already been described how the "facts man" Ernst Picard experienced the Golden Twenties in Berlin. The address of the family and the practice was on Kurfürstendamm. In order to describe the circumstances of life in a little more detail, it was necessary to refer to files that only came into existence after the war in the course of restitution proceedings. As already mentioned, the couple had to liquidate a lavishly furnished huge flat in a very short time and sell the furniture as quickly as possible.

As can be seen from these files, the son Heinz Hellmut Picard, born on 5 September 1914, must have emigrated to Palestine as early as 1933. Another son named Claus Wolfgang, whose date of birth is unknown, lived in the post-war period in the garden city of Welwyn Gardens north of London, where he had started a family with Inge Grossman from Berlin. Whether he emigrated to Palestine first is not certain. In any case, one can only speculate about how the family handled the emigration of their sons via the Palestine Office. Immigration certificates[131] were issued according to different categories. With an equity of 1.000 Palestine pounds, the so-called capitalist certificate was not bound by quotas.

Hugo Picard, whose employment as an academic had been made impossible by the Nazi measures, was assisted by the Academic Assistance Council from 1933 onwards, which arranged the position in Cairo. Ernst Picard did not have this support because he was not involved in teaching. As a gynecologist, he lost all his panel patients in

---

[130] Leo Baeck Institute Jacob Picard Collection https://archive.org/details/jacobpicard_01_reel26/page/n53/mode/1up?view=theater.

[131] There is a good survey with links https://de.wikipedia.org/wiki/Einwanderungszertifikat.

1933 and those with private insurance were made "head-shy, ...so that it always meant a special risk for each individual to go to a Jewish doctor."[132]

From 1933 until their actual emigration on 31 July 1936, the couple must have experienced chaotic times. Everything had to be ready for the sons' emigration; after Hugo's departure, the mother had to be looked after and her moving goods had to be put together and temporarily stored. Her emigration must have taken place in 1935. Shortly before that, she was in Constance again with her son Ernst to sell the house at the customs so that there would be enough money for the immigration certificates. The newly immigrated couple, who had presumably received the capitalist certificate, were cleared in a flash and quasi "naturalized". As early as 23 July 1936, the Palestine Gazette announced in the section of newly issued medical certificates under the number DR2654 that Ernst Picard was allowed to practise medicine in Jerusalem.

There are hardly any traces of the Picards in Palestine during the war years. The couple must have lived at 6a Hess Street in Tel Aviv, where also the gynecologist's surgery could be found. There is a page from the Tel Aviv telephone book with the two telephone numbers of the private home and the practice.

There is one photo that, in addition, cannot be attributed with certainty. It was probably taken in Jerusalem and shows Hugo, Ernst and Hellmut Picard in the top row from the left. Below is Edit Picard on the left, and Helene, Hugo's young wife, is sitting on the right. The person in the middle is identified by Michael Picard, the owner of the photo, as Elise Russ, née Imberg. The year of her death is 1936, the year in which Ernst and Edit managed to emigrate to Palestine. Could it not be that Eugenie Picard is in the middle of the seated ladies? I would like to think so. After all, the photo proves that travelling between Egypt and Palestine before the founding of the State of Israel was not always unproblematic, but still possible.

On 26 October 1947, Eugenie Picard from Wangen died in Jerusalem at the age of 81, according to Moore-Moos. It is not known where her grave is, possibly in Tel Aviv, perhaps in Jerusalem.

[132] Staatsarchiv Freiburg Amtsgericht Konstanz F 167/Nr. 162, Bl. 91.

Hugo and Ernst Picard sue for restitution

On 3 May 1949, a letter was sent to the Restitution Chamber of the Constance Regional Court with a complaint from the undivided community of heirs consisting of Dr. med. Ernst Picard, gynecologist, resident in Tel-Aviv, and Prof. Dr. med. Hugo Picard, resident in Sils-Baselgia (Engadin Switzerland) represented by Dr. A. Wachsmann, Baden-Baden. The subject was the restitution of looted property in accordance with Decree 120 of the French government of 10 November 1947. Specifically, it was about the property located at 68 Kreuzlinger Straße.

Very roughly, the initial claim was to ensure that the two plaintiffs were each re-registered as owners in the land register and that the property would have to be handed over to the plaintiffs.[133]

There were a number of points of contention, and it was only in 1952 before the plaintiffs withdrew their action. The buyers of the house at 68 Kreuzlinger Straße were three siblings from Tägerwilen in Switzerland, one of whom had set up a dental practice in the house in 1932.

The timing of the sale was important with regard to a successful restitution claim. Had the sale been made under pressure from National Socialist legislation against Jews? The Swiss buyers tried to cite a whole series of witnesses to confirm that Mother Eugenie, who was already living in Berlin with her son Hugo, had offered the house to the dentist right at the beginning of the 1930s. The effort to prove this was great. One witness even had to be questioned at his new place of residence in the Ruhr area. The witnesses did not sound particularly convincing, their knowledge being based more on hearsay.

Another point of contention was the question of whether it had already become apparent to the persons concerned at the beginning of the National Socialist rule that remaining in Germany could be dangerous. According to lawyer Waxmann, the development had been predetermined since 30 January 1933. He went on to explain: "The plaintiffs gave up a secure existence, not because they wanted to face an uncertain future abroad, but because they were forced to do so, because they were forbidden to practice their profession and because they were thus deprived of the possibility of living in Germany."

---

[133] Staatsarchiv Freiburg Amtsgericht Konstanz F 167/Nr. 162.

The defense lawyer for the Tägerwilers, Dr. Richard Zöpffel, took up the term "moral coercion" because he doubted that the plaintiffs really had to struggle with existential problems already from 1933 onwards. His argument: "According to literature and case law, however, moral coercion is to be understood as the bringing about of a situation that has caused such a high degree of fear in the person concerned about the fate of his person or his property that he no longer believed he could escape a disposition that was disadvantageous to him."

Another issue was the reasonableness of the purchase price. The buyers and their spokesman agreed that the house was in serious need of repair in 1935. During the purchase negotiations in 1935, a price of 42,000 marks had been discussed and because the sellers had insisted on cash payment, the purchase price had been reduced to 40.000 Marks, because the trio of buyers had great difficulty finding the money in cash anyway.

At the Constance tax office, efforts were made to obtain some information on the former assessed value, which had been 55.000 Reichmarks in 1931, for example. Municipal architect Kern reported on his inspection of the property at the beginning of the 1950s. The inspection revealed a series of extensive repairs since the sale. The price of 40.000 Reichsmark had been appropriate, because in 1935 in Constance there was a very large supply of "properties of this kind, while demand was low. Cash was very scarce at that time."

After the various arguments had been exchanged, the Constance Regional Court proposed the conclusion of a settlement. The plaintiffs were to withdraw the restitution claim, in exchange for which the defendants were to pay a settlement sum of 6.000 Marks and bear the court costs within a period to be determined in more detail. The lawyer of the Tägerwilen trio of buyers thought that the settlement sum was considerably too high. The dispute over the settlement dragged on throughout 1951 and in February 1952 it was certified in the files on a form that was probably filled out *en masse* by the office of the Restitution Chamber that the plaintiffs had withdrawn the action on 18 January 1952.

In 1949, when the Picard brothers were still hoping for restitution, their lawyer had written about the house at 68 Kreuzlinger Straße: "The sons, i.e., the present plaintiffs, were always willing to preserve the family home and to end their lives there, in their hometown and in the house, they were borne in."

Whether intentionally or unintentionally, the lawyer already showed when formulating the statement of claim that his clients certainly cared about their place of birth, because he described their personal details as follows:

Dr. med. Ernst Picard, gynecologist, resident in Tel-Aviv, Hess-Str. 6a, German by birth, Palestinian citizen since 1939. Professor Dr. med. Hugo Picard, resident in Sils-Baselgia (Engadin Switzerland) by birth German, stateless since 27 Nov. 1941.[134]

The stamp collection

1959 was the year in which Ernst Picard died in London at the age of 71. The death certificate from the Central Registry Office of England is available. Ernst Picard died of an aneurysm of the aorta at St Mary's Hospital, Paddington. His son, Claus Wolfgang Picard, then living in the garden city of Welwyn City, north of London, reported the deceased's death on 27 April. Where he was buried is not known. Presumably, in the year of his death, he was alone visiting his son in Welwyn without his wife Edit. In the same year, Ernst and Hugo Picard had filed a claim for benefits under the Restitution Act. A stamp collection was named as the claimed asset.[135]

At the Central Registration Office for Restitution Assets in Berlin they got quite a bit of work updating the questionnaires. One of the claimants, namely Ernst, had died in the meantime. The owner of the album, Eugenie, who was designated as the aggrieved party, was also no longer alive. The Picards' lawyer, however, was able to produce a letter from the forwarding company Brasch & Rothenstein from 1937. In it, the company warned that in July there had not yet been an order for the expedition of the removal goods to Kreuzlingen. Also, the export papers were not yet complete, and a written order was missing regarding the stamp collection. So, there was proof that a stamp album was present in the freight. However, after more than 20 years, the details regarding the delivery addresses no longer seemed to be remembered. The destination Kreuzlingen only appears in this letter – although the

[134] Staatsarchiv Freiburg Amtsgericht Konstanz F 167/No. 162.
[135] Landesarchiv Berlin Rep.82 WGA 16497/59.

little town on the other side of the Swiss border was not so far-fetched, as some Konstanz refugees helped themselves with their contacts in the neighbouring town.

Apart from the impression of the hectic pace of Eugenie Picard's year of departure, this letter from 1937 had no significance whatsoever for the successor company called Harry. W. Hamacher in 1960. The answer in brief: "Most of our documents from 1936 or 1937 were lost during the battles in Berlin and the rest were destroyed after the expiry of the ... retention period." The author of the 1937 letter had died in the meantime, so he could not provide any information either.

In Petah-Tikva, in March 1960, the notary Dr Fritz Strauss took great care in providing an affidavit from Heinz Picard, the second son of Ernst and Edit, with a seal and coloured tax stamps to send it to Berlin. Quite modestly, the witness introduced his affirmation by saying that he himself had already dealt with his own compensation matter two years ago, but that he could no longer remember his file number. At that time, he had received 5.000 Marks to compensate for an education which did not end with a diploma because of the persecution measures.

According to the interviewee, the valuable collection of Grandfather Russ had been given to Heinz as a child. He had studied and expanded the collection with great enthusiasm and now explained: "Of course, I am no longer able to give an estimate after so long, especially since I was interested in the stamps as such, and not in their ... commercial value. At that time, I never thought of selling the collection if it were to pass to me alone. I only know that it was a valuable stamp collection and I believe that, with a cautious estimate and taking today's values as a basis, it would be worth more than DM 10.000. His father Ernst had explained to him when leaving Germany that he had not wanted to take the collection with him for security reasons and had therefore left it with the forwarding company.

The Senator for Finance in Berlin did not recognize these documents. They did not document the "transfer of the claimed stamp collection to a legal entity." Further evidence was to be submitted.

Years later, namely in July 1963, a court assessor seemed to have completely lost the thread. Had the applicant's mother applied for a restitution of her own property yet? The assessor did not seem to think about the fact that Eugenie Picard had already died in 1947. Then it was pointed out again that the collection had belonged to the father. In the course of the following investigation, the widowed Edit Picard had to prove her role as heiress several times, including a statement about the state of her own household, which had been dissolved for emigration. And Edit Picard had to remember when and whether her mother-in-law had received her own household effects.

In conclusion, it was stated in January 1967 that the claim for restitution of the applicant would be rejected, since a discriminatory seizure by the German Reich could not be proven. The stamp collection had been deposited with the Jewish company Brasch & Rothenstein and had simply been lost there or had been lost on the way from the sender to the recipient.

The estate of Edit's brother

Ernst and Edit, the two Picards at Hess-Str. 6a in Tel Aviv, were no longer the youngest at the beginning of the 1950s. They probably noticed by then, that they had not thought about a comfortable old-age provision. In the meantime, one had become accustomed, willy-nilly, to the oriental and somewhat shabby bustle in the city on the Mediterranean. But Hess Street in Tel Aviv Jaffa was not and cannot be compared to the posh Kurfürstendamm. Perhaps this was the reason for Ernst's visit to his son Claus Wolfgang in the beautiful garden city of Welwyn Gardens in England. Had a move to England been considered? Ernst was perhaps to be the vanguard. But in the end, he only got to know the colleagues at St Mary's Hospital in Paddington. Ernst Picard is supposedly buried in London.

At that time, Edit Picard, together with her widowed brother-in-law Kurt Heilfron, who had lived in Ireland with his wife Charlotte, was in the middle of a lawsuit for the restitution of the valuables of her brother Günter Russ. It was about a bank deposit and securities account at the Dresdner Bank, furs, a photographic studio and a Fiat[136] passenger car.

Today, you can enter the name Günter Russ, Berlin, in the Yad Washem Database and immediately receive the date of death online, namely 11 January 1943, supplemented by the indication of suicide. On 22 October 2022, a stumbling stone was placed in front of the former photographer's front door. Nowadays, you can get this message on your computer in the blink of an eye. Did Edit and her surviving relatives

[136] Landesarchiv Berlin 11 WGA 697-699/55.

find out what had happened to her brother as early as the 1950s? Did they contact the International Tracing Service of the Red Cross and actually receive information there? It took decades to sort through the gigantic amounts of data in Arolsen, and I can remember that a Nazi victim I knew well scornfully thought about the Tracing Service until the 1960s, which until that time was mainly concerned with the search for prisoners of war.

The bound volumes of deportation lists, which could be viewed in the Federal Archives before the digital age, could horrify anyone familiar with typewriters and their tabbed function at the idea of armies of hard-working secretaries dealing with the data of the doomed. And on the first pages of each of these volumes, which documented the individual transports, were summarics of the suicides that the search parties found when they looked for the whereabouts of the missing.

As far as Günter Russ is concerned, his data was put online on 19 November 2005 by Ruth Lynn Nadelmann, a relative from the USA. How Edit got the news of her brother's death in the early 1950s is not known. Perhaps she met her brother's former neighbours in Tel Aviv at some point who were able to tell her about his fate. Perhaps the Heilfrons from Ireland were able to visit Berlin as early as the 1950s. Perhaps she was in Berlin herself.

The complaints about her brother's losses paint a rough picture of the professional photographer, who is said to have last lived at Hewaldstraße 6 in Schöneberg. Files with different numbers were opened by lawers which concerned a bank account at the Dresdner Bank, securities, furs, jewellery, the equipment of a photographic studio and a Fiat passenger car. The applicants were then asked, in the nicest officialese, to list and describe their statements in detail under oath and "to describe in detail how the expropriation had taken place." The time for substantiating the claims: two months.

In 1960, it was finally decided that 130 Marks were to be paid out to the applicants. The authorities summarized how the decision had been made:

"...we enclose the requested information from the Dresdner Bank ... for your information, with the remark that the account documents were lost due to the effects of the war. However, it can be gathered from the OFP files 05205/SM/41-24568 concerning Günther Russ that the Oberfinanzkasse Berlin-Brandenburg collected the claimed bank balance of

Reichsmark 1.040 under 30 October 1943. In this respect, the alleged fact of seizure is to be regarded as proven. It is requested that the respondent be ordered to pay the applicants DM 130,-- in accordance with the provisions of the BRÜG."[137]

There are no further signs of life from Edit Picard, who was born on 23 February 1891, apart from the restitution applications, which only go back to the beginning of the 1960s. According to Ruth Lynn Nadelmann, she may still have found a foothold in England.

In the post-war years, Ernst and Edit must have travelled around Europe for a while. For example, in the estate of Jacob Picard, who tried to find old relatives from Lake Constance in the 1950s, a postcard from Ernst on 15 Feb 1953 reads, "I am spending splendid holidays in the beautiful house of Hugo – Helen and send you belatedly...my best wishes for your 70th birthday." On 21 August 1957, Hugo wrote on the stationery with the address in Sils-Baselgia: "We were together in Zurich for a week – with Ernst/Edit – and I had every intention of coming to the lake with my wife."[138]

How Hugo Picard experienced the years after the war

In the post-war period, Hugo Picard juggled addresses like a circus performer. He himself had trouble remembering the year of the photo already quoted, which shows him on horseback in Cairo. 1957 been crossed out and replaced by 1956. As already mentioned, Hugo and his wife were already hosting Ernst and Edit in Sils-Baselgia in 1953, although the couple still lived in Cairo. Hugo Picard gave the registration offices plenty to do. The Berlin residents' registration office, which once again explains its gaps by the effects of the war, gave Lützowplatz 23 as the last address in Berlin, where the couple had lived until 1935 before emigrating. The office also has a de-registration: 9 June 1953 to Cairo. In the Constance municipal archives, where they have the old civil register in card index format, it says "emigrated to Cairo, later to Zurich". There is a file card on which his move from Sils-Baselgia in the Engadine to Constance, An der Steig 16a on 14 May 1959 was registered. It looks as if the connection with his good friend from his youth, Prof. Franz Beyerle, was never broken or had been

[137] Landesarchiv Berlin 11 WGA 697/55, Bl. 18.

[138] Leo Baeck Institute Jacob Picard Collection ibid.

resumed. In an older telephone guide of 2020, An der Steig is still a Beyerle-address. The address An der Steig 16a and the address in the former Jäger-house in Sils show clearly that the Picards were always very lucky in their choice of accommodation. An der Steig in Constance offers a wonderful view around the lake.

On 21 September 1959, the couple moved away to Sulgeneckstraße 38 in Bern. Those frequent moves were surprising. Had Swiss naturalisation become a pressing issue, or did they simply want to apply for a new German passport? Hugo Picard died in Zurich in 1974 as a German. According to information from the Zurich registry office, he last lived in Ackermannstraße in the Fluntern district of Zürichberg. The German Research Foundation claims in its online presentation that Hugo Picard was a German-Swiss surgeon. This is not correct. According to information from the Zurich City Archives, Hugo Picard was never a Swiss citizen. However, according to the Eleventh Ordinance to the Reich Citizenship Law, RGBl. I, p. 722 he must have lost his German citizenship in 1941 when leaving the country. The stay in Berlin after the war was, among others, possibly intended to reverse the expatriation.

It must have happened in the 1980s that someone had the names of all the members of the Picard family who had lived at the border added to the gravestone for Max Picard and the father Salomon in the Jewish cemetery in Constance.

There are no longer any records of the gravesite at the cemetery administration. No files could be found at the administration of the Jewish cemetery either, because no one is obliged to keep business files for longer than ten years. The villa at 68 Kreuzlinger Straße was demolished at the end of the 1970s. There still are witnesses in Constance, who remember the house in a stylish state before the demolition. The three owners from Tägerwilen must have thoroughly gutted the house, even though it had been described by them as totally dilapidated before it was torn down. The good parquet flooring was torn out and the noble flooring was laid anew in a house in Tägerwilen. The same applied to the stag that had been set up in a front garden in Tägerwilen for years and was now said to have moved with its owner to a village near Wil.

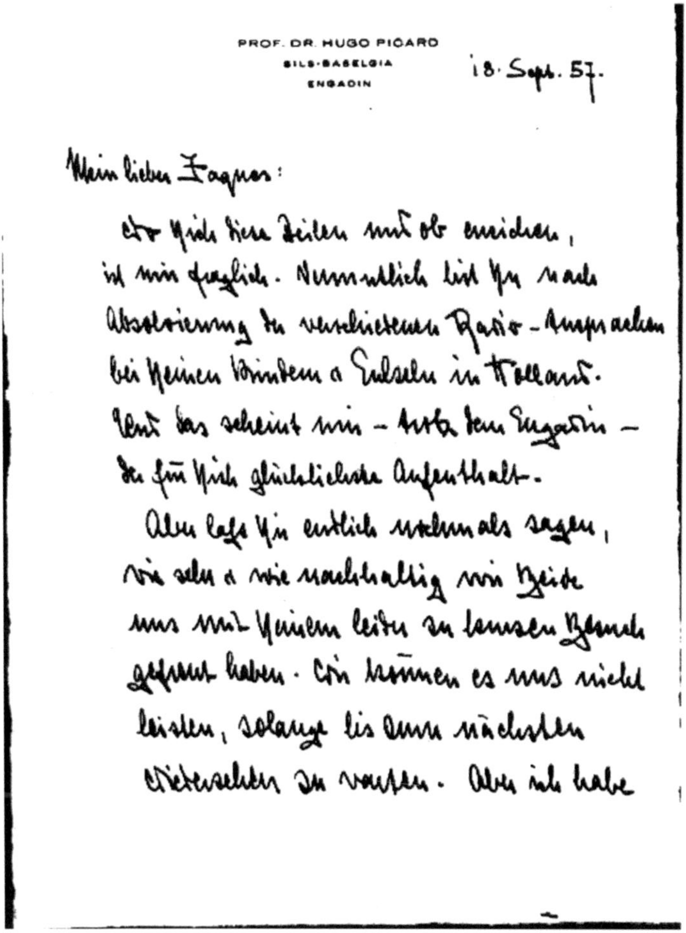

PROF. DR. HUGO PICARD
SILS-BASELGIA
ENGADIN

18. Sept. 57.

Mein lieber Jaques:

Ob Dich diese Zeilen noch erreichen, ist mir fraglich. Vermutlich bist Du nach Absolvierung der verschiedenen Radio-Ansprachen bei Deinen Kindern u. Enkeln in Holland. Und das scheint mir – trotz dem Engadin – der für Dich glücklichste Aufenthalt.

Aber lass Dir endlich nochmals sagen, wie sehr u. wie nachhaltig wir Beide uns mit Deinem leider zu kurzen Besuch gefreut haben. Wir können es uns nicht leisten, solange bis zum nächsten Wiedersehen zu warten. Aber ich habe

Erste Seite eines Briefs von Hugo an Jacob Picard – First page of a letter of Hugo to Jacob Picard   Leo-Baeck-Archives

Kanton Thurgau (Tschubby)

Anhang/Appendix

Abbildungen/Illustrations

des Landratsamtes

…osterkaserne sollen jetzt Taten folgen

…chen Gebäude ein denkbar schlechtes Zeugnis aus: „Nach der ersten Grobanalyse kann festgestellt werden, daß alle Objekte, mit Ausnahme der nach 1950 erstellten Gebäude, in einem desolaten Zustand sind. Die ehemaligen Mannschaftsgebäude sind modernisierungs- und sanierungsbedürftig. Die übrigen Lager-, Magazin- und Garagenhallen können nicht als erhaltenwerte Bausubstanz bezeichnet werden."

Außerdem wurde den Stadträten ein Nutzungsentwurf für das 14 Hektar große Plangebiet vorgelegt. In diesem Entwurf verweist die Verwaltung auf sechs Schwerpunkte: 1. Fläche für das innerstädtische Wohnen, 2. Verwaltungszentrum, 3. Kulturelle Einrichtungen, 4. Standorte für Wirtschaft und Handel, 5. Einrichtungen für die soziale Infrastruktur, 6. Standort und Flächen für den ruhenden Verkehr. Unter diesen verschiedenen Rubriken finden sich dann zahlreiche Einzelvorschläge wie Landratsamt, Polizeidirektion, Jugendzentrum, Altentagesstätte, Bürgerhaus, Museum, Galerien, Kunstschule, Experimentiertheater – die ganze Palette dessen, was seit Beginn der Nutzungsüberlegungen die Phantasie von Verwaltung, Gemeinderat und Bevölkerung beschäftigt. ghf

FÄLLT DER SPITZHACKE ZUM OPFER: Das Haus Kreuzlinger Straße 68.

Jugendstil-Haus soll Spitzhacke zum Opfer fallen

Bauordnungsamt hat Abbruchgenehmigung erteilt – Stadtrat-Forderung kommt zu spät

kod. **Zu spät kommt die Forderung von SPD-Stadtrat Alexander zu Hohenlohe, den Punkt „Probleme des Abbruchs denkmalgeschützter Bauten in Konstanz" – der Sozialdemokrat nannte insbesondere das Haus Margarethe und die Gebäude Alpsteinweg 6 sowie Kreuzlinger Straße 68 –, auf die Tagesordnung der nächsten Sitzung des Bau- und Liegenschaftsausschusses am 23. Februar zu setzen. Zumindest für das Haus Kreuzlinger Straße 68. Das neoklassizistische Wohnhaus, das später mit Jugendstilelementen versehen wurde, wird voraussichtlich in der kommenden Woche der Spitzhacke zum Opfer fallen, das Bauordnungsamt hat noch vor Weihnachten des vergangenen Jahres die Abbruchgenehmigung erteilt.**

Angesichts dieser Tatsache mutet denn auch die im Schreiben des Jung-Stadtrates an Oberbürgermeister Dr. Helmle zusätzlich geäußerte Bitte, dafür Sorge zu tragen, „daß vor dieser Sitzung keine Abbruchgenehmigung für die genannten Häuser erteilt werden", wie Hohn an.

Erstmals hatte sich der SPD-Stadtrat in einem Schreiben am Oberbürgermeister Dr. Bruno Helmle im April 1977 für das Fortbestehen des „erhaltenswürdigen Bauwerks" eingesetzt. Alexander zu Hohenlohe hatte von den Plänen der Sparkassenwohnbau Karlsruhe Kenntnis erhalten, die das Anwesen Kreuzlinger Straße 68 kaufen wollte. Auf diesem und auf dem benachbarten Eckgelände Kreuzlinger Straße/Schwedenschanze (bereits im Besitz der Sparkassenwohnbau) sollte ein Wohnprojekt entstehen.

Bei der Stadt Konstanz rannte die Sparkassenwohnbau mit ihrem Vorhaben offenen Türen ein. Dazu Architekt Friemel von der Sparkassenwohnbau: „Die Stadt hat es sofort vom architektonischen und städtebaulichen her gutgeheißen. Der Bauausschuß hat das Projekt 1976 einstimmig gebilligt."

Probleme gabs jetzt mit dem Denkmalschutz, der dagegen Einspruch erhob, daß das neoklassizistische Bauwerk mit Jugendstilelementen abgerissen werden sollte. Auch die untere Denkmalschutzbehörde beim Landratsamt wandte sich zunächst gegen einen Abbruch des denkmalgeschützten Hauses. Allerdings revidierte das Landratsamt nach einer Reihe von Besprechungen und Besichtigungsterminen seine Auffassung. Das Gebäude, das sich in Privatbesitz befindet, sei in einem so schlechten baulichen Zustand, daß die Renovierungs- und Restaurierungskosten für den Eigentümer nicht zuzumuten seien.

Nach eingehender Prüfung, mehreren Anhörungen und genauen Berechnungen kam auch die nächste Verwaltungsschutzbehörde beim Regierungspräsidium Freiburg zu der Auffassung, dem Abbruch des Hauses Kreuzlinger Straße 68 stattzugeben. Dazu der Leiter des Bauordnungsamtes, Kühnemann: „Nach dieser Entscheidung haben wir dann noch vor Weihnachten die Abbruchsgenehmigung guten Gewissens erteilt."

Stadtra Alexander zu Hohenlohe wundert sich jetzt über den Stand der Dinge, nachdem er sich schon in der Fasnachtszeit gewundert hatte. Just zu diesem Zeitpunkt beobachtete er nämlich, daß an dem Haus da und dort schon Abmontierungen stattfanden. Hohenlohe erhielt bislang nur einmal auf seinen Brief vom April 1977 hin vom Konstanzer Verwaltungschef Antwort. Dr. Helmle schrieb im Mai 1977, er könne in die laufenden Beratungen des Landesamtes für Denkmalschutz nicht eingreifen. Das Ergebnis der Beratungen solle der SPD-Stadtrat „zu gegebener Zeit beim Bauordnungsamt" erfragen.

Dies hat Alexander zu Hohenlohe offenbar nicht getan. Er hat es versäumt „am Ball zu bleiben". Fragt sich aber der Sozialdemokrat, warum die Mitglieder des Bau- und Liegenschaftsausschusses in ihrer Januar-Sitzung nicht über die bereits erteilte Abbruchgenehmigung für das Haus Kreuzlinger Straße 68 informiert wurden.

Die Sparkassenwohnbau hat inzwischen bereits ein Abbruch-Unternehmen beauftragt und wartet – so Architekt Alexander Friemel, Geschäftsführer und technischer Direktor der Sparkassenwohnbau Karlsruhe – täglich darauf, daß der Abbruch über die Bühne geht. Auf den genannten Grundstükken soll ein Wohnobjekt mit 40 Wohneinheiten – alles Eigentumswohnungen – mit Arzt- oder Rechtsanwaltpraxen und Tiefgaragen entstehen. Wir sind froh, daß wir in unser Vorhaben das Grundstück Kreuzlinger Straße 68 miteinbeziehen können, weil wir auf den beiden Grundstücken eine städtebaulich bessere Lösung schaffen können" so Friemel. Von dem Haus bleibt zumindest die Hirsch-Statue und weitere Jugendstilelemente erhalten. Die hat der ehemalige Besitzer des Anwesens, ein Schweizer Privatmann, abmontieren und nach Tägerwilen bringen lassen. sd

…ehr durch Wohnstraßen"

…neinschaft fordert Tangentiallösung

Die Villa in der Kreuzlinger Strasse 68 kurz vor dem Abbruch. Mit dem Zeitungsartikel aus dem Südkurier vom 18. Februar 1978 begann die Autorin mit ihren Recherchen in Sachen Familie Picard – The Villa in Kreuzlinger Strasse 68 shortly before demolition. The newspaper clipping from the local paper dated February 1978 started the research regarding the family Picard

Das blaue Haus samt Umland an der Hauptstrasse nach Romanshorn gehörte zeitweise Salomon Picard – The so-called Blue House and the surrounding garden situated on the main road to Romanshorn belonged to Salomon Picard for some time Photo: Rehn

1907 unterstützte Salomon Picard seinen Schwager Pius Wieler und seine Söhne mit einem großzügigen Hypothekardarlehen in Höhe von 182.500 Franken. So konnten diese ihre Strumpffabrik in Kreuzlingen aufmachen – In 1907, Salomon Picard supported his brother-in-law Pius Wieler and his sons by a generous loan of 182.500 Swiss Francs. Thus, they were able to build their knitting factory in Kreuzlingen Photo: Rehn

Im Mohel Buch Wangen 1861-1893 findet man die korrekten Daten der Geburten und Beschneidungen von Max, Ernst und Hugo Picard Quelle: Leo-Baeck-Institute Jacob-Picard-collection – There is a Mohel-Book 1861-1893 of the village of Wangen, in which the births and the circumcisions of Max, Ernst und Hugo Picard can be found Source: Leo-Baeck-Institute Jacob-Picard-collection

Nr. 262 Konstanzer Zeitung 26.9.1914 Samstag den 26.

Den Heldentod fürs Vaterland starb am 22. d. M. unser guter, heißgeliebter, unvergeßlicher Sohn, Bruder, Schwager u. Onkel

Dr. jur. Max Picard

Rechtspraktikant, Vizewachtmeister – Offiziersstellvertr.
II. Landwehr-Eskadron

im 29. Lebensjahre.

In tiefstem Schmerze:
Salomon Picard, und Frau
Dr. med. Ernst Picard, z. Zt. im Felde
Dr. med. Hugo Picard, z. Zt. im Felde
Edit Picard, geb. Ruß
7518 **Heinz Hellmut als Neffe.**

Konstanz, Berlin, 25. September 1914.

Die Beisetzung findet Sonntag den 27. September, vormitt. 11 Uhr, vom Elternhause aus, Kreuzlingerstrasse 68, statt. Kondolenzbesuche werden höflichst verdankt.

Die Todesanzeige von Max Picard aus der Konstanzer Zeitung vom 26. September 1914 – The obituary of Max Picard which appeared in the local Constance paper on September 26, 1914

Der Grabstein der Familie heute. Begraben sind hier der im Ersten Weltkrieg gefallene Max und sein Vater Salomon Picard – The tombstone of the family today. Max who fell in the First World War and his father were buried here
Photo: Rehn

Vor dem Grabstein lädt eine Steinbank zum Sitzen ein. Auf der Rückseite ist ein Portrait von Max befestigt – The stone bench is situated opposite the gravestone. On the back a medaillon portraying Max is attached Photo: Rehn

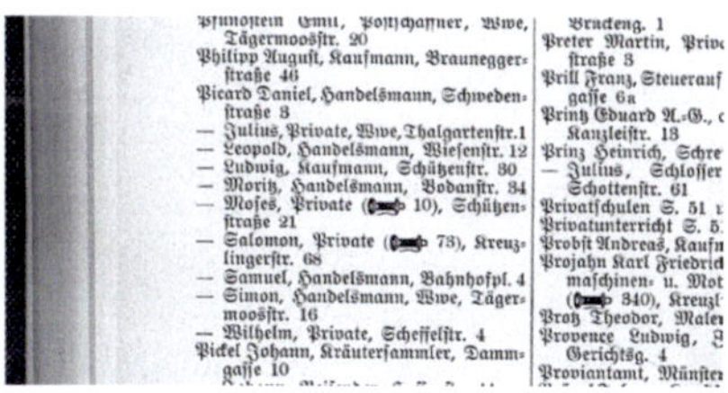

Pfundstein Emil, Postschaffner, Wwe, Tägermoosstr. 20
Philipp August, Kaufmann, Braunegger-straße 46
Picard Daniel, Handelsmann, Schweden-straße 8
— Julius, Private, Wwe, Thalgartenstr. 1
— Leopold, Handelsmann, Wiesenstr. 12
— Ludwig, Kaufmann, Schützenstr. 30
— Moritz, Handelsmann, Bodanstr. 34
— Moses, Private (☎ 10), Schützen-straße 21
— Salomon, Private (☎ 73), Kreuz-lingerstr. 68
— Samuel, Handelsmann, Bahnhofpl. 4
— Simon, Handelsmann, Wwe, Täger-moosstr. 16
— Wilhelm, Private, Scheffelstr. 4
Pickel Johann, Kräutersammler, Damm-gasse 10

Bruckeng. 1
Preter Martin, Priv
straße 3
Prill Franz, Steuerauf
gasse 6a
Printz Eduard A.-G.,
Kanzleistr. 13
Prinz Heinrich, Schre
— Julius, Schlosser
Schottenstr. 61
Privatschulen S. 51
Privatunterricht S. 5
Probst Andreas, Kaufm
Projahn Karl Friedric
maschinen- u. Mot
(☎ 340), Kreuzl
Protz Theodor, Male
Provence Ludwig,
Gerichtsg. 4
Proviantamt, Münster

Salomon Picard gehörte zu den ersten Besitzern eines Telefons erreichbar unter der Nummer 73. Hier ein Ausschnitt aus dem Adressbuch Konstanz – With the number 73, Salomon Picard was one of the first owners of a telephone in Konstanz. This is a clipping of the Konstanz directory
Source: Stadtarchiv Konstanz

Am 10. August entschlief unerwartet mein inniggeliebter Gatte, unser treuer, herzensguter Vater und Grossvater, Herr

Salomon Picard

im 78. Lebensjahre.

In tiefer Trauer

Frau Eugenie Picard
Dr. med. Ernst Picard
und Frau Edit geb. Russ
Dr. med. Hugo Picard.

Konstanz — Berlin,
den 12. August 1925.

Die Todesanzeige für Salomon Picard, die am 14. August 1925 im "Berliner Tageblatt und Handelszeitung, Morgenausgabe", erschien – Obituary of Salomon Picard which appeared in the "Berliner Tageblatt und Handelszeitung" on August 14, 1925

Das einzige Foto, das von den Picard-Söhnen und ihren Gattinnen aufzufinden war. Es entstand in Jerusalem vermutlich im Jahr 1936 – The only photograph which could be found showing two Picard sons and their wives. It was allegedly taken in Jerusalem in 1936 Photo: private

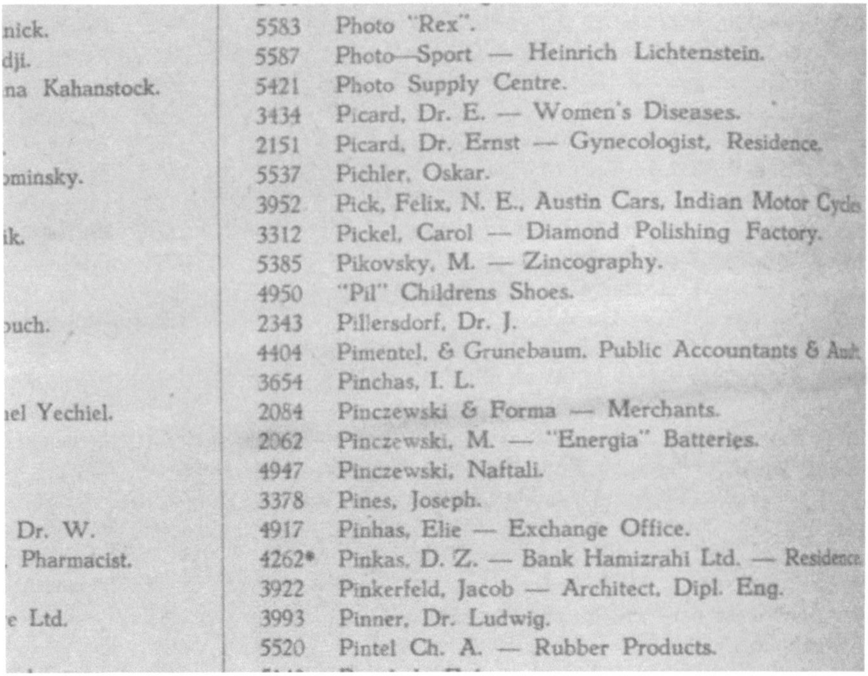

5583 Photo "Rex".
5587 Photo—Sport — Heinrich Lichtenstein.
5421 Photo Supply Centre.
3434 Picard, Dr. E. — Women's Diseases.
2151 Picard, Dr. Ernst — Gynecologist, Residence.
5537 Pichler, Oskar.
3952 Pick, Felix, N. E., Austin Cars, Indian Motor Cycles
3312 Pickel, Carol — Diamond Polishing Factory.
5385 Pikovsky, M. — Zincography.
4950 "Pil" Childrens Shoes.
2343 Pillersdorf, Dr. J.
4404 Pimentel, & Grunebaum, Public Accountants & Aud.
3654 Pinchas, I. L.
2084 Pinczewski & Forma — Merchants.
2062 Pinczewski, M. — "Energia" Batteries.
4947 Pinczewski, Naftali.
3378 Pines, Joseph.
4917 Pinhas, Elie — Exchange Office.
4262* Pinkas, D. Z. — Bank Hamizrahi Ltd. — Residence
3922 Pinkerfeld, Jacob — Architect, Dipl. Eng.
3993 Pinner, Dr. Ludwig.
5520 Pintel Ch. A. — Rubber Products.

Eine Seite des Telefonbuchs von Tel Aviv im Jahr 1944. Sie zeigt, dass Ernst Picard in der Hess Str. 6a lebte und arbeitete – One page of the Tel Aviv phone book of 1944. It proves that Ernst Picard lived and worked in Hess St. 6

Ein überraschender Fund im Nachlass von Jacob Picard. Das Foto zeigt Hugo Picard 1956 zu Pferd in Kairo – A discovery in the archives containing the estate of Jacob Picard. The photograph shows Hugo Picard on horseback in Cairo in 1956 Source: Leo-Baeck-Institute Jacob-Picard-collection

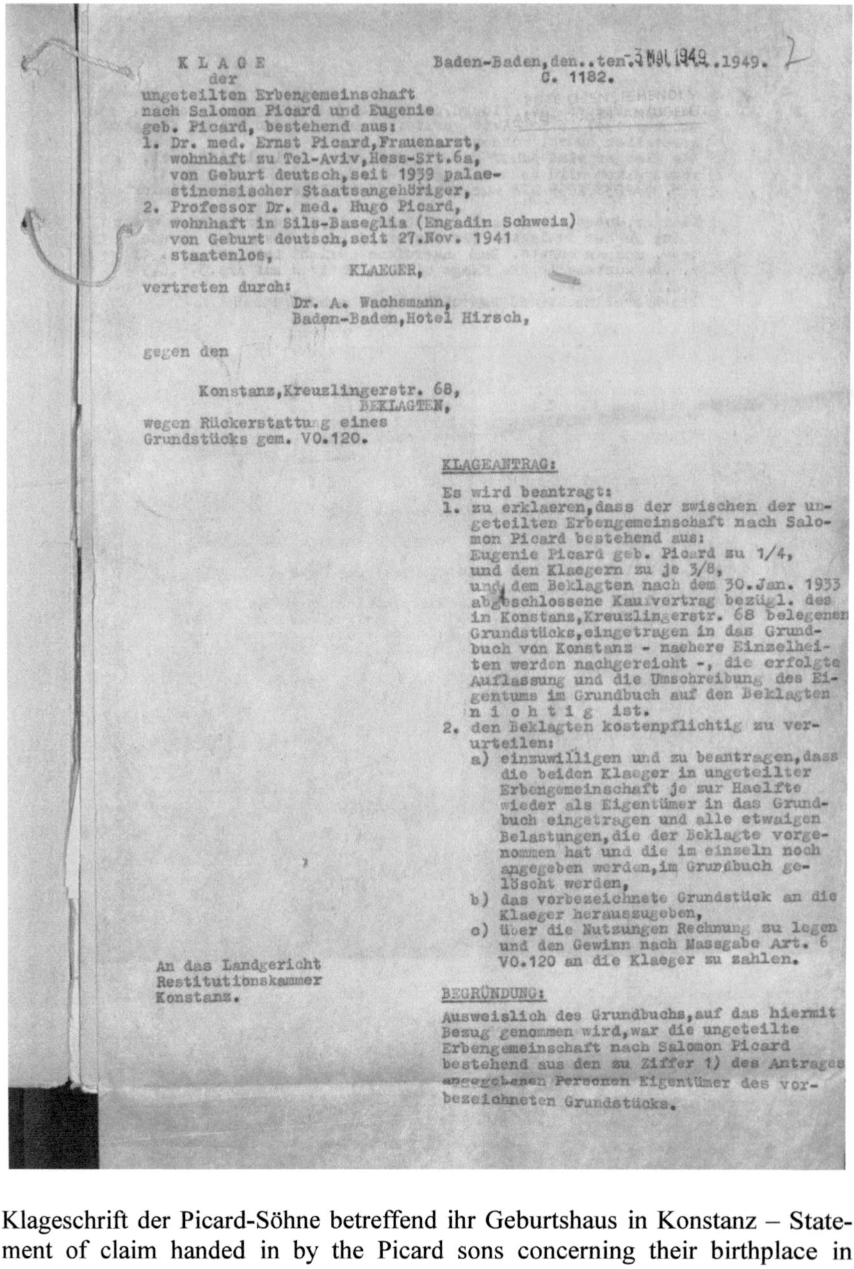

K L A G E
der
ungeteilten Erbengemeinschaft
nach Salomon Picard und Eugenie
geb. Picard, bestehend aus:

Baden-Baden, den..ten.-3 MAI 1949..1949.
C. 1182.

1. Dr. med. Ernst Picard, Frauenarzt,
wohnhaft zu Tel-Aviv, Hess-Srt.6a,
von Geburt deutsch, seit 1939 palaestinensischer Staatsangehöriger,
2. Professor Dr. med. Hugo Picard,
wohnhaft in Sils-Baseglia (Engadin Schweiz)
von Geburt deutsch, seit 27.Nov. 1941
staatenlos,

KLAEGER,

vertreten durch:
Dr. A. Wachsmann,
Baden-Baden, Hotel Hirsch,

gegen den

Konstanz, Kreuzlingerstr. 68,
BEKLAGTEN,

wegen Rückerstattung eines
Grundstücks gem. VO.120.

KLAGEANTRAG:

Es wird beantragt:
1. zu erklaeren, dass der zwischen der ungeteilten Erbengemeinschaft nach Salomon Picard bestehend aus:
Eugenie Picard geb. Picard zu 1/4,
und den Klaegern zu je 3/8,
und dem Beklagten nach dem 30.Jan. 1933 abgeschlossene Kaufvertrag bezügl. des in Konstanz, Kreuzlingerstr. 68 belegenen Grundstücks, eingetragen in das Grundbuch von Konstanz - naehere Einzelheiten werden nachgereicht -, die erfolgte Auflassung und die Umschreibung des Eigentums im Grundbuch auf den Beklagten n i c h t i g ist.
2. den Beklagten kostenpflichtig zu verurteilen:
a) einzuwilligen und zu beantragen, dass die beiden Klaeger in ungeteilter Erbengemeinschaft je zur Haelfte wieder als Eigentümer in das Grundbuch eingetragen und alle etwaigen Belastungen, die der Beklagte vorgenommen hat und die im einzeln noch angegeben werden, im Grundbuch gelöscht werden,
b) das vorbezeichnete Grundstück an die Klaeger herauszugeben,
c) über die Nutzungen Rechnung zu legen und den Gewinn nach Massgabe Art. 6 VO.120 an die Klaeger zu zahlen.

An das Landgericht
Restitutionskammer
Konstanz.

BEGRÜNDUNG:

Ausweislich des Grundbuchs, auf das hiermit Bezug genommen wird, war die ungeteilte Erbengemeinschaft nach Salomon Picard bestehend aus den zu Ziffer 1) des Antrages angegebenen Personen Eigentümer des vorbezeichneten Grundstücks.

Klageschrift der Picard-Söhne betreffend ihr Geburtshaus in Konstanz – Statement of claim handed in by the Picard sons concerning their birthplace in Constance

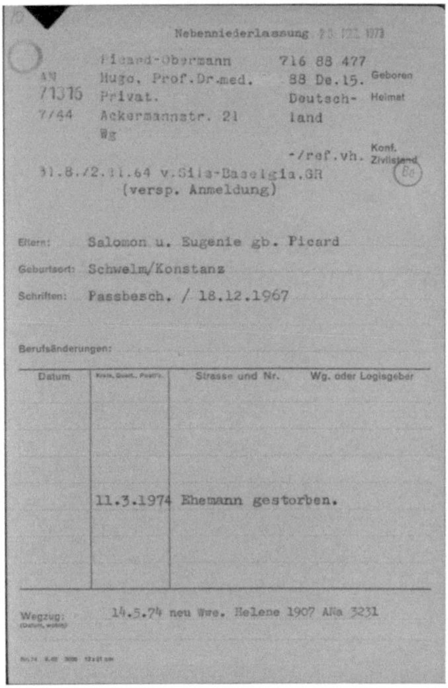

Nebenniederlassung

AN
71316
7/44

Picard-Obermann 716 88 477
Hugo, Prof. Dr. med. 88 De. 15. Geboren
Privat. Deutsch- Heimat
Ackermannstr. 21 land
Wg
-/ref.vh. Konf. Zivilstand
31.8./2.11.64 v. Sils-Baselgia. GR
(versp. Anmeldung)

Eltern: Salomon u. Eugenie gb. Picard
Geburtsort: Schwelm/Konstanz
Schriften: Passbesch. / 18.12.1967
Berufsänderungen:

Datum	Kreis, Quart., Postf.	Strasse und Nr.	Wg. oder Logisgeber
	11.3.1974	Ehemann gestorben.	

Wegzug: 14.5.74 neu Wwe. Helene 1907 ANa 3231

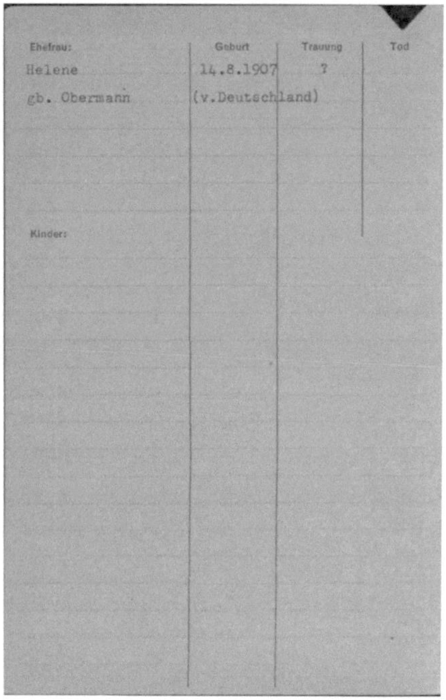

Ehefrau:	Geburt	Trauung	Tod
Helene	14.8.1907	?	
gb. Obermann	(v.Deutschland)		

Kinder:

Hugo Picards Akte bei der Züricher Fremdenpolizei, in der er als deutscher Staatsangehöriger erfasst ist – Hugo Picard's file at the foreign police of Zurich in which he is registered as a German citizen Source: File No. 491, 1965-1976

Literatur/Literature

Gedruckte Quellen/Printed sources

Betschart, Andres (2003) Zu Wasser und zu Land. Ein Verkehrsnetz entsteht: Ein kurze Verkehrsgeschichte des Kantons Thurgau. Astra (Bundesamt für Strassen, Hg.) Historische Verkehrswege im Kanton Thurgau, Bern, 8-17

Bloch, Erich (1971) Geschichte der Juden von Konstanz im 19. und 20. Jahrhundert: Eine Dokumentation. Konstanz

Bloch, Erich (1992) Das verlorene Paradies. Ein Leben am Bodensee 1897-1939. Werner Trapp bearb., Konstanzer Geschichts- und Rechtsquellen 33, Sigmaringen

Bloch, Ralph F. (o. J.) Rise and Fall of a Rural Jewish Community in Early Modern Germany, https://www.stuehlingen.online

Bürgin, Martin (2020) Wolf Dreifuss: Financier der Helvetischen Republik In: Hg. Picard, Jacques; Bhend, Angela. Jüdischer Kulturraum Aargau. Zürich: hier und jetzt, 183-188

Engelsing, Tobias (2015) Das jüdische Konstanz: Blütezeit und Vernichtung. Konstanz

Fargeon, Maurice (1939) Médecins et avocats juifs au service de l'Egypte. Kairo

Fidler, Helmut(2020) Zur Migrationsgeschichte der jüdischen Familie Ortlieb und des Dorfes Wangen am Untersee. Hegau-Geschichtsverein Jahrbuch 77, 47 - 72

Fidler, Helmut (2021a) Versuch einer (Kultur-)Geschichte des Schmuggels am westlichen Bodensee Hegau-Geschichtsverein Jahrbuch 78, 5 - 30

Fidler, Helmut (2021b) Handel im Wandel – Zur Geschichte des Handels im Höridorf Wangen. Hegau-Geschichtsverein Jahrbuch 78, 73 - 106

Fidler, Helmut (2011) Jüdisches Leben am Bodensee. Frauenfeld

Kasper-Holtkotte, Cilli (2017) Deutschland in Ägypten: Orientalische Netzwerke, Juden-Verfolgung und das Leben der Frankfurter Jüdin Mimi Borchardt. Berlin

Kaufmann, Robert Uri (1988) Jüdische und christliche Viehhändler in der Schweiz 1780-1930. Zürich

Klöckler, Jürgen und Fromm, Norbert (2005) Der Bodensee in frühen Bildern: Photographien aus der Sammlung Wolf 1860-1930 (Konstanzer Geschichts- und Rechtsquellen, XXXIX) Ostfildern

Kolb, Andrea (1999) Freiheit? Gleichheit? Nicht für Juden!: Die Stellungnahme der Thurgauer Bürger zur Erteilung des helvetischen Bür-gerrechts an Juden 1798. Thurgauer Beiträge zur Geschichte 136, 41-61

Loepfe, Willi (2014) Aufstieg und Untergang der Thurgauischen Hypothekenbank (1851 – 1914), Thurgauer Beiträge zur Geschichte, Band 151

Moore-Moos, Semi (o. J.) Die Juden von Konstanz 1863-1940, unveröff. Manuskript. Stadtarchiv Konstanz, auch online verfügbar: https://archives.cjh.org/repositories/5/archival_objects/946387

Picard, Jacob (1971) Erinnerung eigenen Lebens. In: 2. Band, Werke in zwei Bänden. Konstanz

Picard, Leo (1996) Vom Bodensee nach Erez Israel: Pionierarbeit für Geologie und Grundwasser seit 1924. Konstanz

von Pilgrim, Cornelius (2013) Ludwig Borchardt und sein Institut für Ägyptische Bauforschung und Altertumskunde in Kairo. In: Hg. S. Bickel, H.-W. Fischer-Elfert, A. Loprieno, S. Richter, Ägyptologen und Ägyptologien zwischen Kaiserreich und Gründung der beiden deutschen Staaten. Berlin, 243-266

Rothenbühler, Verena (o. J.) Die prägende Landwirtschaft, Historisches Lexikon der Schweiz https://hls-dhs-dss.ch/de/articles/007393/2017-05-22

Schott, Dieter (1990) „Von der Novemberrevolution bis zum Krisenjahr 1923“ in L. Burchardt, D. Schott, W. Trapp: Konstanz im 20. Jahrhundert. Die Jahre 1914 bis 1945. Konstanz (67-220)

Wartmann Schneider, Margit (1995) Otto Wartmann (1890-1959: Bauer, Käser, Nationalrat. Thurgauer Beiträge zur Geschichte 132, 317-324

Archive/Archives:
Generallandesarchiv Karlsruhe
Landesarchiv Berlin
Stadtarchiv Konstanz
Staatsarchiv Freiburg
Staatsarchiv St. Gallen
Staatsarchiv Thurgau
Staatsarchiv Zürich
Leo-Baeck-Institute New York

Dank für ungedruckte Informationen/Thanks for Information not in print:

Helmut Fidler danke ich für seine Wangen-Informationen. Ich bin gespannt auf seine Studie zum jüdischen Immobilienhandel angekündigt im Hegau-Jahrbuch 78 (2022) S. 88.

I thank Helmut Fidler for sharing with me his knowledge of Wangen. I am looking forward to his study on Jewish real estate trading as announced in Hegau-Jahrbuch 78 (2022) p. 88.

David Hamann, M.A., hat mir zwei Tage im Fernbus und zwei Nächte in einem billigen Berliner Hotelzimmer erspart. Er übernahm die Recherchen im Landesarchiv Berlin.

David Hamann, M.A. kept me from spending two days on a bus und two nights in a cheap hotel. He took on the research in the Landesarchiv Berlin.

Ruth Lynn erforscht die Familie Russ.

Ruth Lynn is doing family research regarding the Russ-family.

Michael Picard in Australien, Enkel von Ernst Picard, stellte das Foto der Familie in Jerusalem zur Verfügung.

Michael in Australia who is a grandson of Ernst Picard, provided the photo of the Picards in Jerusalem.

Cornelius von Pilgrim ist Direktor des Schweizerischen Instituts für ägyptische Bauforschung in Kairo. Er weiß viel über die bewegte Geschichte der Borchardtschen Villa zu berichten.

Cornelius von Pilgrim is the head of the Swiss Institute for Egyptian architecture in Cairo. He knows a lot about the history of the Borchardt-Villa.

Angelika Wieler ist die Urenkelin von Rebecca Picard, einer Schwester von Salomon Picard.

Angelika Wieler is the great-grandchild of Rebecca Picard, who is a sister of Salomon Picard.

Autorin/Author:

Dr. phil. Marie-Elisabeth Rehn geboren 1951 in Heide/Holstein, hat in Zürich studiert. Die promovierte Volkskundlerin hat im Buch „Heider gottsleider" neben der Biographie ihres Vaters den NS-Alltag in ihrer Geburtsstadt Heide beschrieben. Mittlerweile hat sie eine Reihe von Publikationen über Minderheitenschicksale veröffentlicht.

Marie-Elisabeth Rehn, PhD was born in Heide/Holstein in 1951 and obtained her Ph.D. in Zurich. She wrote the biography of her father against the background of his hometown Heide in Northern Germany during the Nazi era. Meanwhile she has published a series of biographies under circumstances of suppression.

Eine Auswahl der Veröffentlichungen/Selected publications:

- Heider gottsleider. Kleinstadtleben unter dem Hakenkreuz: Eine Biographie. Basel 1992
- (zusammen mit Erwin Rehn) Die Stillschweigs. Von Ostrowo über Berlin und Peine nach Heide in Holstein bis zum Ende in Riga, Theresienstadt und Auschwitz. Eine jüdische Familiensaga 1862-1944. Konstanz 1998
- Juden in Friedrichstadt. Die Vorstandsprotokolle einer Israelitischen Gemeinde im Herzogtum Schleswig 1802-1860. Konstanz 2001
- Hugo Schriesheimer. Ein jüdisches Leben von Konstanz durch das KZ Dachau, das französische Internierungslager Gurs, das Schweizer Asyl und die USA nach Kreuzlingen 1908-1989. Konstanz 2011

Editor: Prof. u. Hon.Prof. Dr. Drs. h.c. Erhard Roy Wiehn, M.A.:

Prof. (em.) Fachbereich Geschichte u. Soziologie der Universität Konstanz; Veröffentlichungen vor allem zur Schoáh & Judaica:
https://de.wikipedia.org/wiki/Erhard_Roy_Wiehn
www.uni-konstanz.de/soziologie/judaica

Nachbemerkung des Herausgebers – Postsciptum of the Editor

In Fortsetzung ihrer früheren Veröffentlichungen im Hartung-Gorre Verlag (Konstanz) legt Marie-Elisabeth Rehn mit **Salomon Picard - Der Baron vom Konstanzer Hauptzoll** ein weiteres soziohistorisches Buch vor, das unsere Literatur über jüdisches Leben im Bodenseeraum ergänzt und vertieft.

Deutsch-englische Bücher im / German-English books at Hartung-Gorre Publishers, Constance, Germany

Bryan Isbert Levy, **Isbert Isaak Semmel.** Geschichte der Zions-Apotheke und Familiengeschichte von Berlin nach Palästina und England.
The Story of Zion's Pharmacy and Family History from Berlin to Palestine and England 1878-1944-2013. German and English together
2013. 192 Seiten/pages, . ISBN 978-3-86628-470-8

Gretel Baum-Merόm & Rudy Baum
Kinder aus gutem Hause / Children of a Respectable Family
Von Frankfurt am Main nach Israel und Amerika -From Frankfurt to Israel and America 1913/15-1995. (Deutsch u. Englisch)
Second Edition 2014. 276 Seiten, EUR 19,80. ISBN 978-3-86628-401-2

Gretel Baum-Merόm, **Ich erinnere – I remember.** Jüdisches Leben in Frankfurt am Main und in Israel -Jewish life in Frankfurt/Main and in Israel. Eine Nachlese – Second thoughts. 1913-1934-2008
2009; 2. Auflage 2014. 148 Seiten/pages. ISBN 978-3-86628-229-2

Julie und Norbert Baum, **Mein lieber Rudolf • My dear Rudolf.** Elternbriefe aus Frankfurt am Main an den emigrierten Sohn in den USA. Parent's letters from Frankfurt/Main to the emigrated son in the USA 1936–1941.
Konstanz 2011, 404 Seiten/pages, Fotos/photos. ISBN 978-3-86628-382-4

Hans-Hermann Seiffert,**The Lost Race against Time during "The Final Solution".** The Emigration of the Jewish Families Guggenheim of Konstanz and Rosenwald of Cologne to Argentina and the USA Fails in 1938-1942.
Translated into English by Uta Allers
2019, 148 pages, many photos, documents. ISBN 978-3-86628-661-0

Erhard Roy Wiehn (Ed.), **How to become a hero.** Count Stefan and Countess Elisabeth Gyulai saved the lives of five human beings and were honored as Righteous among the Nations in Rome 2019.
Konstanz 2019, 60 pages, Photos, € 19,80. ISBN 978-3-86628-657-3

Jerry Lindenstraus, **An Incredible Journey**
From East Prussia, via Shanghai and Colombia to New York. A Jewish Family History 1929 to 2017. 1st Edition 2017, 100 pages. ISBN 978-3-86628-596-5

Hans-Hermann Seiffert, **"My Beloved Children!"** Letters of Hella Schwarzhaupt to Her Children from Internment in Camps Gurs and Récébédou
2015. 128 pages, many photos and documents. ISBN 978-3-86628-521-7